BRIAN GAGG

WORTSUCHRÄTSEL
3 in 1 SAMMELBAND

KRIMINALITÄT, AUTOMARKEN und LUSTIGE SCHIMPFWORTE

Bibliografische Information der Deutschen Nationalbibliothek:
Die Deutsche Nationalbibliothek verzeichnet diese Publikation in der Deutschen Nationalbibliografie; detaillierte bibliografische
Daten sind im Internet über http://dnb.dnb.de abrufbar.

Herstellung und Verlag: BoD – Books on Demand, Norderstedt
ISBN: 9783754397169

Inhaltsangabe   **Seite**

Einleitung

Auf den folgenden Seiten finden sich thematisch sortierte Wortsuchrätsel.

Um ein Wortsuchrätsel zu lösen, müssen alle jeweils aufgelisteten Worte in der darüber befindlichen Buchstabenmatrix gefunden werden. Ist ein Wort gefunden, sollte es mit einem Stift umkreist und das gefundene Wort aus der Liste gestrichen werden. Sind alle Worte aus der Liste gefunden, ist das Rätsel gelöst. Bei Schwierigkeiten ein Rätsel zu lösen, kann die Lösung jeweils auf der Rückseite nachgeschaut werden bzw. für Buch 1 ab Seite 31. Die zu findenden Worte sind jeweils als ganzes (d.h. immer nur in einer Richtung und ungebrochen) in der Matrix nach folgenden Regeln versteckt:

- Suchworte können sich überlagern, d.h. ein Buchstabenkästchen kann von mehreren Suchworten genutzt sein.

- Worte können vorwärts, rückwärts, horizontal, vertikal oder diagonal in der Matrix versteckt sein.

- Suchworte stehen für sich alleine und sind unter- oder nebeneinander aufgelistet.

Q E Q V F F C H K B H S T Z M O Q A B
A I C V I F I Q Z K J P Z L B K D S G
V B O H G B S Y F A F E H Q J S K Q Y
O E L L I D N N S X M M P Q Z C T Y H
T Z Y L A G T I L C R F Y S F C C F V
K K A K M T X I H J D N I W E S P R W
I X Z P Y M M O V B Z C A E V E I U Z
L K A P N K N X K I H L T P E M K I G
E R D Y B Z L J G E E V K K Z C U F M
D Z V Z E A W C R I W D I M J Q B M J
L I R A O V I S C I O I L A O O A I P
A Q B Q W L T H H E V J E U W K D O O
U K Q T B E E Y H T E J D S R R F E O
X P S M L N F F O S R E S Z E I R E Q
E J V L S Y G D T C D D G V T M W F M
S O U C I Z E E F N A Y N B H I O R G
Y N H B Q S M P K R E B U P C N X I O
G A U V Z V X P V W C C T Z I O W B H
U Y W E C X B Q U Q H M E V R L G C A
H B I W L J I T Y S T C O F O O E K Z
J T R A S E D O T G I V T B T G Q P K
G D T D E D D Q O U G X S P L I I I Z
Y X U R Z H W J K V E T U E Y E A O W
K A X J Q P I G V A R R O T K L Z L S

1

ALIBI

SICHERSTELLUNG

TOETUNGSDELIKT

RICHTER

SEXUALDELIKT

LEICHENSCHAU

KRIMINOLOGIE

TODESZEIT

VERDAECHTIGER

TODESART

Lösung

Q E Q V F F C H K B H S T Z M O Q A B
A I C V I F I Q Z K J P Z L B K D S G
V B O H G B S Y F A F E H Q J S K Q Y
O E L L I D N N S X M M P Q Z C T Y H
T Z Y L A G T I L C R F Y S F C C F V
K K A K M T X I H J D N I W E S P R W
I X Z P Y M M O V B Z C A E V E I U Z
L K A P N K N X K I H L T P E M K I G
E R D Y B Z L J G E E V K K Z C U F M
D Z V Z E A W C R I W D I M J Q B M J
L I R A O V I S C I O I L A O O A I P
A Q B Q W L T H E V J E U W K D O O O
U K Q T B E E Y H T E J D S R R F E O
X P S M L N F F O S R E S Z E I R E Q
E J V L S Y G D T C D D G V T M W F M
S O U C I Z E E F N A Y N B H I O R G
Y N H B Q S M P K R E B U P C N X I O
G A U V Z V P V W C C T Z I O W B H
U Y W E C X B Q U Q H M E V R L G C A
H B I W L J I T Y S T C O F O O E K Z
J T R A S E D O T G I V T B T G Q P K
G D T D E D D Q O U G X S P L I I I Z
Y X U R Z H W J K V E T U E Y E A O W
K A X J Q P I G V A R R O T K L Z L S

E N F D Q A C T U X Y T X F C C S I S
V U R X X O P A Q K Q A I P K D Y H R
Q A O G N U M H E N R E V H A B S R C
R I Q L C Z T H I G P E Y P N B A C K
Q R O B I Y I S G F J F F C S V S I Z
B G G U Z L L O V F A R T S T D W Z I
K G S I N S I D E R N M P M A I T M T
B N O Z S Y P Z Q M O H V K L X X G X
E M L P J H E T J M D I D L T A G M B
Y T C T U R O Y C A L A Y E M V O W I
W I L L E R I Q F D T Z N T V R T N F
D U O C C N D G D E Z Z B Z D W O G C
I D T F K B M Y N N A Q J T M J W N U
E H T N S Y L B C B I C Z E O J O U T
F F R R J P A V Q E U S I R B C U G J
G J B P F N X U H F T R L T B P H L S
W I C B K O L X E A Z H Q H L G J O V
X T L D T P H L N L K Q N F O H V F E
K Z L Z M K P L L L N G K A C R W R K
Y X U L C K T T S L S X B A V D S E Q
Q Q K G W R P S T H C I L U A L B V N
N E F W M E K Z N Y W Z C L P D T Y E
E I V J N P D L U T X A X M Y J E H Y
U Y K F G Z P F B B C M F D P Z U S R

2

VERFOLGUNG

ANSTALT

LETZTER WILLER

INSIDER

STRAFVOLLZUG

MADENBEFALL

DATENBANK

BLAULICHT

VERNEHMUNG

MORD

Lösung

E N F D Q A C T U X Y T X F C C S I S
V U R X X O P A Q K Q A I P K D Y H R
Q A O G N U M H E N R E V H A B S R C
R I Q L C Z T H I G P E Y P N B A C K
Q R O B I Y I S G F J F F C S V S I Z
B G G U Z L L O V F A R T S T D W Z I
K G S I N S I D E R N M P M A I T M T
B N O Z S Y P Z Q M O H V K L X X G X
E M L P J H E T J M D I D L T A G M B
Y T C T U R O Y C A L A Y E M V O W I
W I L L E R I Q F D T Z N T V R T N F
D U O C C N D G D E Z Z B Z D W O G C
I D T F K B M Y N N A Q J T M J W N U
E H T N S Y L B C B I C Z E O J O U T
F F R R J P A V Q E U S I R B C U G J
G J B P F N X U H F T L T B P H L S
W I C B K O L X E A Z H Q M L G J O V
X T L D T P H L N L K Q N F O H V F E
K Z L Z M K P L L N G K A C R W R K
Y X U L C K T T S L S X B A V S E Q
Q Q K G W R P S T H C I L U A L B V N
N E F W M E K Z N Y W Z C L P D T Y E
E I V J N P D L U T X A X M Y J E H Y
U Y K F G Z Z P F B B C M F D P Z U S R

G	Q	O	F	L	N	E	D	E	X	E	M	C	J	U	G	T	M	I
P	Q	Q	K	R	I	M	I	N	E	L	L	S	Y	A	L	K	X	I
V	E	T	S	C	G	H	G	F	L	H	T	T	K	A	R	S	M	D
X	E	I	D	W	R	W	T	U	K	A	U	I	B	I	Y	M	D	C
Y	R	P	X	T	V	L	H	U	L	U	H	C	M	M	C	B	C	O
J	F	Y	A	N	P	O	E	K	R	J	X	I	B	B	K	D	T	Y
Q	H	D	V	E	U	Y	I	T	O	Y	N	Q	V	Z	Q	R	C	P
N	F	O	L	M	E	N	M	J	F	A	E	M	N	B	O	Z	M	B
B	E	P	N	A	G	I	R	U	L	G	W	U	J	T	H	C	K	Z
Z	R	Q	J	T	Z	I	M	I	N	M	K	A	A	W	B	K	N	V
A	N	H	I	S	U	H	T	I	M	Q	V	T	M	F	X	E	M	A
T	S	K	E	E	Z	A	L	G	J	G	X	L	V	U	R	B	J	Z
S	C	W	I	T	E	I	U	K	M	W	V	L	H	U	S	K	N	E
W	H	S	F	T	F	H	Q	D	I	K	T	O	P	P	D	W	B	C
I	U	Q	A	O	R	W	R	U	Q	R	C	S	V	C	K	Q	J	H
E	S	R	R	S	Y	C	C	A	O	O	T	N	E	K	U	P	X	K
C	S	P	G	Y	E	C	R	W	S	U	O	H	M	I	I	O	F	T
W	I	Q	O	W	G	K	L	E	L	F	V	I	V	B	Q	C	S	R
G	M	T	T	G	P	T	R	B	M	B	A	N	J	K	C	K	X	Q
L	I	N	O	P	K	O	Q	E	T	Z	J	X	O	M	N	V	C	P
O	C	A	F	V	Z	C	A	Q	T	A	Z	Q	I	C	S	V	Z	O
F	T	L	Z	E	I	L	T	P	G	M	H	I	X	M	E	H	I	M
Z	E	B	X	C	O	O	E	G	U	X	M	R	Z	B	A	Q	X	O
Q	D	E	Y	E	Q	X	I	X	F	G	V	M	K	C	Y	Q	D	W

PROFILING

FOTOGRAFIE

TESTAMENT

KRIMINALITAET

BLUTSPUREN

TATORT

KRIMINELL

STALKING

FERNSCHUSS

SEKRET

Lösung

```
G Q O F L N E D E X E M C J U G T M I
P Q Q K R I M I N E L L S Y A L K X I
V E T S C G H G F L H T T K A R S M D
X E I D W R W T U K A U I B I Y M D C
Y R P X T V L H U L U H C M M C B C O
J F Y A N P O E K R J X I B B K D T Y
Q H D V E U Y I T O Y N Q V Z Q R C P
N F O L M E N M J F A E M N B O Z M B
B E P N A G I R U L G W U J T H C K Z
Z R Q J T Z I M I N M K A A W B K N V
A N H I S U H T I M Q V T M F X E M A
T S K E E Z A L G J G X L V U R B J Z
S C W I T E I U K M W V L H U S K N E
W H S F T F H Q D I K T O P P D W B C
I U Q A O R W R U Q R C S V C K Q J H
E S R R S Y C C A O O T N E K U P X K
C S P G Y E C R W S U O H M I I O F T
W I Q O W G K L E L F V I V B Q C S R
G M T T G P T R B M B A N J K C K X Q
L I N O P K O Q E T Z J X O M N V C P
O C A F V Z C A Q T A Z Q I C S V Z O
F T L Z E I L T P G M H I X M E H I M
Z E B X C O O E G U X M R Z B A Q X O
Q D E Y E Q X I X F G V M K C Y Q D W
```

K	B	G	T	T	V	C	Q	G	Q	O	E	U	S	K	Y	U	T	P
I	E	A	X	I	T	G	L	K	P	F	I	P	P	C	B	V	D	C
T	S	H	Y	L	B	Z	X	C	W	V	R	Q	U	N	L	M	I	N
S	C	O	S	C	I	X	V	W	L	O	C	F	R	O	W	L	Q	C
I	H	C	C	C	U	O	Y	X	J	K	Z	R	E	I	F	K	G	Z
T	L	M	W	F	R	W	W	E	Y	E	I	Z	N	T	J	X	B	U
A	A	S	F	R	H	H	K	T	N	E	A	V	S	A	Z	E	J	O
T	G	B	J	C	H	T	E	G	Q	X	E	K	I	L	B	B	W	Y
S	N	H	R	M	I	F	A	I	P	Y	O	G	C	U	S	E	T	I
L	A	C	O	L	Z	X	L	L	R	M	Y	N	H	G	E	N	A	Z
A	H	C	L	K	R	Z	Q	B	I	K	F	J	E	N	K	M	T	K
N	M	A	M	W	H	G	J	S	P	Z	Q	Q	R	A	M	P	H	D
I	U	W	T	G	P	T	S	P	T	C	O	N	U	R	U	B	E	N
M	N	Z	S	I	F	A	S	E	P	G	W	E	N	T	J	N	R	R
I	G	L	J	Z	R	U	M	Y	U	X	H	A	G	S	X	F	G	P
R	N	N	E	I	K	H	I	I	C	W	X	S	N	V	S	J	A	F
K	Y	Q	E	E	I	P	F	U	Q	W	T	Z	M	K	A	A	N	P
D	N	A	T	S	L	L	I	T	S	Z	R	E	H	G	C	V	G	I
M	M	V	X	I	F	J	C	B	O	O	H	S	D	H	X	W	E	E
I	L	W	X	W	P	F	R	K	V	D	X	T	O	M	O	B	N	K
L	F	U	R	V	V	K	A	E	G	O	L	V	W	I	M	E	C	R
E	F	A	R	T	S	S	T	I	E	H	I	E	R	F	U	T	U	N
A	W	D	M	Z	U	F	B	W	Y	J	O	A	X	Q	V	B	S	H
T	U	Q	H	C	W	E	G	I	M	Q	O	B	Z	P	G	P	N	F

TATHERGANG

PROJEKTIL

HERZSTILLSTAND

BESCHLAGNAHMUNG

FREIHEITSSTRAFE

KOMISSAR

SPURENSICHERUNG

JAGD

KRIMINALSTATISTIK

STRANGULATION

Lösung

```
K  B  G  T  T  V  C  Q  G  Q  O  E  U  S  K  Y  U  T  P
I  E  A  X  I  T  G  L  K  P  F  I  P  P  C  B  V  D  C
T  S  H  Y  L  B  Z  X  C  W  V  R  Q  U  N  L  M  I  N
S  C  O  S  C  I  X  V  W  L  O  C  F  R  O  W  L  Q  C
I  H  C  C  C  U  O  Y  X  J  K  Z  R  E  I  F  K  G  Z
T  L  M  W  F  R  W  W  E  Y  E  I  Z  N  T  J  X  B  U
A  A  S  F  R  H  H  K  T  N  E  A  V  S  A  Z  E  J  O
T  G  B  J  C  H  T  E  G  Q  X  E  K  I  L  B  B  W  Y
S  N  H  R  M  I  F  A  I  P  Y  O  G  C  U  S  E  T  I
L  A  C  O  L  Z  X  L  L  R  M  Y  N  H  G  E  N  A  Z
A  H  C  L  K  R  Z  Q  B  I  K  F  J  E  N  K  M  T  K
N  M  A  M  W  H  G  J  S  P  Z  Q  Q  R  A  M  P  H  D
I  U  W  T  G  P  T  S  P  T  C  O  N  U  R  U  B  E  N
M  N  Z  S  I  F  A  S  E  P  G  W  E  N  T  J  N  R  R
I  G  L  J  Z  R  U  M  Y  U  X  H  A  G  S  X  F  G  P
R  N  N  E  I  K  H  I  I  C  W  X  S  N  V  S  J  A  F
K  Y  Q  E  E  I  P  F  U  Q  W  T  Z  M  K  A  A  N  P
D  N  A  T  S  L  L  I  T  S  Z  R  E  H  G  C  V  G  I
M  M  V  X  I  F  J  C  B  O  O  H  S  D  H  X  W  E  E
I  L  W  X  W  P  F  R  K  V  D  X  T  O  M  O  B  N  K
L  F  U  R  V  V  K  A  E  G  O  L  V  W  I  M  E  C  R
E  F  A  R  T  S  S  T  I  E  H  I  E  R  F  U  T  U  N
A  W  D  M  Z  U  F  B  W  Y  J  O  A  X  Q  V  B  S  H
T  U  Q  H  C  W  E  G  I  M  Q  O  B  Z  P  G  P  N  F
```

K	O	E	Z	J	G	I	H	O	S	R	C	E	Q	E	J	M	S	E
U	R	T	W	Q	A	N	N	I	D	G	X	J	D	L	R	O	H	B
N	H	K	J	U	Y	D	Y	G	E	S	T	A	E	N	D	N	I	S
L	E	I	C	H	E	N	S	T	A	R	R	E	V	L	S	D	G	I
Q	Z	K	Q	F	N	R	B	V	C	V	L	M	M	V	H	U	B	N
J	B	S	U	P	B	V	I	N	X	V	M	W	D	J	R	N	E	M
A	O	R	G	U	G	U	C	E	M	Q	J	J	I	T	H	A	H	U
L	H	E	W	J	F	X	C	Y	Z	O	V	P	E	N	M	U	I	M
M	G	T	P	N	B	A	L	L	V	I	J	I	V	B	O	F	O	J
T	N	R	L	Z	B	S	T	R	C	O	L	W	U	G	C	K	J	J
B	U	E	S	A	Z	L	D	F	G	N	N	O	E	G	K	L	N	C
U	H	I	O	Z	Z	F	M	M	I	U	Q	R	P	R	H	A	G	T
E	C	G	P	N	J	Q	A	B	P	Q	I	N	H	P	O	E	D	L
S	U	N	W	W	X	T	P	D	B	C	D	R	M	Q	A	R	D	J
I	S	I	C	G	P	D	Y	B	H	F	Q	Q	E	Y	M	U	Q	L
A	H	F	V	N	Q	M	S	T	N	Q	T	Z	N	H	J	N	Q	Z
E	C	T	Z	P	B	T	S	W	W	F	M	Z	E	N	L	G	H	O
C	R	R	Y	S	A	A	E	B	M	L	V	Q	C	K	C	P	Y	D
C	U	O	U	B	R	F	G	D	E	H	J	M	Q	J	T	E	W	K
R	D	T	E	Z	G	J	N	R	W	J	Z	H	I	D	U	L	O	F
U	U	A	T	P	V	V	E	R	B	R	E	C	H	E	R	O	H	A
G	S	T	Z	E	L	O	T	S	I	P	K	L	M	S	F	A	K	R
Z	G	F	Y	T	M	X	T	T	J	V	G	S	F	C	N	H	F	V
M	S	J	Q	R	U	C	B	G	X	W	L	M	Q	H	Y	C	G	D

LEICHENSTARRE

GERICHTSARZT

AUFKLAERUNG

DURCHSUCHUNG

FINGIERTER TATORT

PISTOLE

URTEIL

GESTAENDNIS

VERBRECHER

POLIZEI

Lösung

```
K O E Z J G I H O S R C E Q E J M S E
U R T W Q A N N I D G X J D L R O H B
N H K J U Y D Y G E S T A E N D N I S
L E I C H E N S T A R R E V L S D G I
Q Z K Q F N R B V C V L M M V H U B N
J B S U P B V I N X V M W D J R N E M
A O R G U G U C E M Q J J I T H A H U
L H E W J F X C Y Z O V P E N M U I M
M G T P N B A L L V I J I V B O F O J
T N R L Z B S T R C O L W U G C K J J
B U E S A Z L D F G N N O E G K L N C
U H I O Z Z F M M I U Q R P R H A G T
E C G P N J Q A B P Q I N H P O E D L
S U N W W X T P D B C D R M Q A R D J
I S I C G P D Y B H F Q Q E Y M U Q L
A H F N Q M S T N Q T Z N H J N Q Z Z
E C T Z P B T S W W F M Z E N L G H O
C R R Y S A A E B M L V Q C K C P Y D
C U O U B R F G D E H J M Q J T E W K
R D T E Z G J N R W J Z H I D U L O F
U U A T P V V E R B R E C H E R O H A
G S T Z E L O T S I P K L M S F A K R
Z G F Y T M X T T J V G S F C N H F V
M S J Q R U C B G X W L M Q H Y C G D
```

N E W C A L I B I Z E U G E M N P R D
S K R Y R M F D J F P E F E J M F Z H
L B O H S T K R G Y A E E I V V E S I
S T A A T S A N W A L T W Y Y T S S D
H X X H H M D T U K I I E L P H T D U
R G Q S N X C Z W K M W V Z Y D N X C
A T O Q W P F Z W A B F M G Q M A Z O
U H X X P V H F A N F M L R P J H Y E
S Z J G R S Y T A W R F I S S J M B W
C R G O W V Z B Q J E D E A X O E C D
H W B S I L C Z I S N U L Q J H V O W
G Q L P E B U J Q U L G K T O N M X L
I Z E U G E N B E F R A G U N G Z M Y
F V G N U H C A W R E B E U O E D I V
T P D T K Y A P R Y F X J W R I V J T
Z M G R W Z M C M J E X V C R K M H H
O I M S Z A N E U O N Q N Z N E N R W
X J I N F S J I J S O T P I I G H H Z
Y G K I H R T M A R R N B A D U D W G
R C A E O I B N B H T E O S F G C G R
G W P L A V Y B U E A E A T O B P I O
Z J Z M J Z B V U W P G U S J N R H H
G X Y L V Q T K C E S H H S J A I L Z
C X N D R B F C B G H B D K C W L P G

PATRONE

STAATSANWALT

ZEUGENBEFRAGUNG

GEWEHR

MAFIA

ALIBIZEUGE

TATWAFFE

FESTNAHME

VIDEOUEBERWACHUNG

RAUSCHGIFT

Lösung

N E W C A L I B I Z E U G E M N P R D
S K R Y R M F D J F P E F E J M F Z H
L B O H S T K R G Y A E E I V V E S I
S T A A T S A N W A L T W Y Y T S S D
H X X H M D T U K I I E L P H T D U
R G Q S N X C Z W K M W V Z Y D N X C
A T O Q W P F Z W A B F M G Q M A Z O
U H X X P V H F A N F M L R P J H Y E
S Z J G R S Y T A W R F I S S J M B W
C R G O W V Z B Q J E D E A X O E C D
H W B S I L C Z I S N U L Q J H V O W
G Q L P E B U J Q U L G K T O N M X L
I Z E U G E N B E F R A G U N G Z M Y
F V G N U H C A W R E B E U O E D I V
T P D T K Y A P R Y F X J W R I V J T
Z M G R W Z M C M J E X V C R K M H H
O I M S Z A N E U O N Q N Z N E N R W
X J I N F S J I J S O T P I I G H H Z
Y G K I H R T M A R R N B A D U D W G
R C A E O I B N B H T E O S F G C G R
G W P L A V Y B U E A E A T O B P I O
Z J Z M J Z B V U W P G U S J N R H H
G X Y L V Q T K C E S H H S J A I L Z
C X N D R B F C B G H B D K C W L P G

K W O N I G J H E E D P O B L V B P G
H T R J Q C I K L P C T Y E W P V O K
Z Z L O W Y H H I M A N R D H J V C O
P E F Y R T P E J Z W Z R B B B W M Y N
C Q N V S N Z M B E B U U I U A R R F
T T E W Q V T Q X V Q F C A D H U B A
K Z S I N G N E A F E G D U I U E T S
T I L Z W B M Y N B Y Q K U I D X I I
N T T T M H F V H H O K B D R S J J G
D S I F X D G J O D L J L O P E B K H
T U V A N U L X L N Y Q H S N U U M W
S J M H T X U I X G N U L T T I M R E
A S A Z H G W Y B E N I Q U E D F F X
C S J T C X X R G G M Z I V Q F K L L
O V N U A I Q O T M E N X W I B L O H
T Z G H D D Z B K T G E G W Q A R S Z
V C I C R S I H R B S E M Q F B W Z F
V S E S E W H U M V V I E S Y V L J G
R I L X V A W B V U R O E F P R B A K
R E A N I M A T I O N D X E T U R W Z
B B O I Y Q K G X H O P L G K V L Z N
K O B E A I W L A T Y D K Q T E D M I
X K B E W E I S E K H R F B A F X E G
L R T P Y G I T E A T L A W E G C H N

7

TODESFALL

REANIMATION

BEWEISE

GEFAENGNIS

ERMITTLUNG

BEDROHUNG

VERDACHT

GEWALTAETIG

JUSTIZ

SCHUTZHAFT

Lösung

K	W	O	N	I	G	J	H	E	E	D	P	O	B	L	V	B	P	G
H	T	R	J	Q	C	I	K	L	P	C	T	Y	E	W	P	V	O	K
Z	Z	L	O	W	Y	H	H	I	M	A	N	R	D	H	J	V	C	O
P	E	F	Y	R	T	P	E	J	Z	W	Z	R	B	B	W	M	Y	N
C	Q	N	V	S	N	Z	M	B	E	B	U	U	I	U	A	R	R	F
T	T	E	W	Q	V	T	Q	X	V	Q	F	C	A	D	H	U	B	A
K	Z	S	I	N	G	N	E	A	F	E	G	D	U	I	U	E	T	S
T	I	L	Z	W	B	M	Y	N	B	Y	Q	K	U	I	D	X	I	I
N	T	T	T	M	H	F	V	H	H	O	K	B	D	R	S	J	J	G
D	S	I	F	X	D	G	J	O	D	L	J	L	O	P	E	B	K	H
T	U	V	A	N	U	L	X	L	N	Y	Q	H	S	N	U	U	M	W
S	J	M	H	T	X	U	I	X	G	N	U	L	T	T	I	M	R	E
A	S	A	Z	H	G	W	Y	B	E	N	I	Q	U	E	D	F	F	X
C	S	J	T	C	X	X	R	G	M	Z	I	V	Q	F	K	L	L	L
O	V	N	U	A	I	Q	O	T	M	E	N	X	W	I	B	L	O	H
T	Z	G	H	D	D	Z	B	K	T	G	E	G	W	Q	A	R	S	Z
V	C	I	C	R	S	I	H	R	B	S	E	M	Q	F	B	W	Z	F
V	S	E	S	E	W	H	U	M	V	V	I	E	S	Y	V	L	J	G
R	I	L	X	V	A	W	B	V	U	R	O	E	F	P	R	B	A	K
R	E	A	N	I	M	A	T	I	O	N	D	X	E	T	U	R	W	Z
B	B	O	I	Y	Q	K	G	X	H	O	P	L	G	K	V	L	Z	N
K	O	B	E	A	I	W	L	A	T	Y	D	K	Q	T	E	D	M	I
X	K	B	E	W	E	I	S	E	K	H	R	F	B	A	F	X	E	G
L	R	T	P	Y	G	I	T	E	A	T	L	A	W	E	G	C	H	N

I R L F T N C N C Z F D R C S Z F S K
A D C E G Y C I U A C W D N H P L J L
I V C W Q D A L B J M U A W L V L A K
F F F B F M O T Q E N E T R C K E K Q
G Z B N O A S A U G W R E Q U O N E N
W L Q L N U D W G A G N L A V N M F
O Q U Q N L U I V D D E T B I X U B D
X J Z W H W M D B U K M R R P V T M M
Z I Q J E U K A B I X A A T A L T Z V
E S R R E R Q K G Y O L E Q S Q H W U
U F F T D F J K N W E E G Y F V C W Y
G P U Y H S Z T U M K A E B E K U K N
E J N Y Y A G U R D S R Q V C L J A
N P K J L K J G N O Z G U R Z F D T
S B R K E R I L E U B J Y X O D E N Y
C O R N M E M G U H S D Y E Z K E W T
H D Z N B D P D F I E V W B T S P P J
U L S P J I O U S E R C R A H W P V U
T C O B H T Y O I Z V S Q S X P O G F
Z R K O T J A I E I A R H A Y X Z I B
V Y S F N F R R W L T T T W Z M Q J X
G S I U P M S J E O I X S W T X T K Y
K G A X C Y F V B P O M O T I V M H J
E C H I B F G M C U N U X T G N B X V

ZEUGENSCHUTZ   OBSERVATION
MAULWURF   MOTIV
POLIZEIHUND   GIFTTOD
FLUCHTTUNNEL   WUERGEMALE
DATENTRAEGER   BEWEISFUEHRUNG

Lösung

```
I R L F T N C N C Z F D R C S Z F S K
A D C E G Y C I U A C W D N H P L J L
I V C W Q D A L B J M U A W L V L A K
F F F B F M O T Q E N E T R C K E K Q
G Z B N O A S A U G W R E Q U O N E N
W L Q L N U D W G A G G N L A V N M F
O Q U Q N L U I V D D E T B I X U B D
X J Z W H W M D B U K M R P V T M M
Z I Q J E U K A B I X A A T A L T Z V
E S R R E R Q K G Y O L E G S Q H W U
U F F T D F J K N W E E G Y F V C W Y
G P U Y H S Z T U M K A E B E K U K N
E J N Y Y A G U R D R S R Q V C L J A
N P K J L K J G H N O Z G U R Z F D T
S B R K E R I L E U B J Y X O D E N Y
C O R N E M E M G U H S D Y E Z K E W T
H D Z N B D P D F I E V W B T S P P J
U L S P J I O U S E R C R A H W P V U
T C O B H T Y O I Z V S Q S X P O G F
Z R K O T J A I E I A R H A Y X Z I B
V Y S F N F R R W L T T T W Z M Q J X
G S I U P M S J E O I X S W T X T K Y
K G A X C Y F V B P O M O T I V M H J
E C H I B F G M C U N U X T G N B X V
```

T	Q	H	R	V	J	T	V	N	S	D	R	H	N	L	S	T	V	U
A	F	L	A	J	I	T	M	A	C	G	K	D	I	W	U	I	U	J
I	T	S	R	I	X	L	G	G	P	J	F	N	G	Q	X	E	L	T
A	P	F	S	X	V	K	K	F	Q	W	P	A	X	K	G	I	Y	I
Q	G	H	R	P	R	S	X	N	D	F	L	T	C	O	Y	I	Q	E
C	C	B	F	E	M	F	I	Y	R	U	N	S	M	D	B	F	D	Z
T	B	H	G	B	C	L	N	D	V	L	U	L	I	L	Z	V	O	T
X	W	G	Z	P	E	H	T	A	K	L	D	L	I	T	X	W	T	A
N	F	N	D	P	G	M	E	M	M	H	A	I	W	E	V	Y	T	T
O	D	C	W	Z	L	R	N	R	Z	T	O	T	O	Y	I	D	R	P
I	O	K	G	X	W	F	S	I	C	K	A	S	A	F	L	C	B	A
T	D	S	G	C	P	A	I	Y	U	H	O	M	K	K	B	B	V	L
I	B	M	D	Y	N	Q	V	B	Q	D	E	E	X	P	S	C	S	K
N	Q	E	Y	U	U	E	T	O	C	U	N	T	O	B	I	H	J	O
U	I	S	M	Z	I	L	A	O	R	U	O	A	T	G	V	O	Q	H
M	H	N	E	J	I	J	E	T	V	L	Y	R	A	S	M	L	M	O
A	D	K	S	Q	U	F	T	X	S	B	S	Z	O	M	S	O	U	L
C	Q	N	W	O	X	A	E	U	E	T	V	M	Y	V	G	R	M	I
L	I	J	R	X	V	R	R	A	G	V	N	F	S	S	Z	B	K	S
L	P	Z	L	A	N	T	E	F	F	A	W	S	S	U	H	C	S	I
A	P	H	Y	Y	I	P	H	P	B	F	K	I	B	J	X	U	L	E
F	F	R	O	N	Z	T	D	N	K	O	M	M	I	S	S	A	R	R
U	C	W	D	T	V	N	E	Z	R	Q	I	C	F	I	S	K	W	T
Z	G	R	I	G	A	T	Y	O	F	N	J	L	R	O	S	E	R	T

MUNITION

DNA

RECHERCHE

SCHUSSWAFFE

ATEMSTILLSTAND

ALKOHOLISIERT

TATZEIT

KOMMISSAR ZUFALL

TRESOR

INTENSIVTAETER

Lösung

L	X	P	P	Y	Y	I	X	E	M	L	N	J	S	U	R	F	R	J
Y	V	W	C	D	J	Q	L	S	U	Q	B	R	E	F	T	M	Y	X
C	B	A	I	V	R	L	S	Y	F	N	B	L	S	X	C	U	S	U
H	L	L	W	Q	E	A	T	L	J	E	O	V	P	J	V	H	U	P
V	C	G	S	R	I	S	H	A	H	I	S	E	U	R	Z	C	M	Q
E	T	M	M	T	P	T	Y	N	T	Z	H	U	T	Q	X	N	D	A
H	F	E	D	Q	U	T	U	A	Q	I	Q	H	F	V	X	O	K	F
R	V	J	I	Q	Y	E	W	L	G	D	M	R	F	I	L	V	J	L
E	R	A	G	N	N	J	F	L	S	N	N	M	V	N	I	S	A	G
N	G	P	D	R	D	Q	U	A	P	I	W	M	W	A	G	N	L	N
M	N	M	J	U	D	F	U	F	U	K	H	K	U	S	A	I	L	U
O	U	J	R	W	D	N	P	Y	R	I	K	H	U	K	D	B	H	H
R	K	C	U	R	K	U	N	D	E	W	V	N	S	Y	B	E	G	C
D	C	C	N	P	Z	N	D	N	N	G	L	S	R	I	H	E	I	S
Y	I	N	R	A	W	T	G	P	S	C	U	V	T	E	O	I	P	L
F	T	U	K	W	W	Y	J	Z	U	H	N	I	O	P	X	Z	L	E
R	S	S	L	W	C	F	A	R	C	K	C	O	R	O	E	E	Y	A
Y	R	I	Q	M	T	Y	E	S	H	T	C	O	E	L	V	L	E	F
A	E	X	V	P	E	F	T	J	E	P	F	I	F	Q	V	X	I	A
V	R	B	N	T	Q	B	P	L	D	I	M	Q	S	M	W	X	I	L
N	G	Q	U	C	W	F	W	I	L	N	W	Z	Q	S	H	X	I	O
S	C	E	H	C	W	C	H	I	Q	S	G	A	U	Q	Z	C	J	F
K	B	R	V	N	I	Z	N	O	H	P	Q	C	C	K	L	P	S	M
R	F	Z	J	E	P	G	K	U	D	U	T	D	C	E	H	H	U	P

FAELSCHUNG

EHRENMORD

SPURENSUCHE

ERSTICKUNG

INDIZIEN

URKUNDE

SCHUSSKANAL

BEUTE

FALLANALYSE

GEOPROFILING

Lösung

L X P P Y Y Y I X E M L N J S U R F R J
Y V W C D J Q L S U Q B R E F T M Y X
C B A I V R L S Y F N B L S X C U S U
H L L W Q E A T L J E O V P J V H U P
V C G S R I S H A H I S E U R Z C M Q
E T M M T P T Y N T Z H U T Q X N D A
H F E D Q U T U A Q I Q H F V X O K F
R V J I Q Y E W L G D M R F I L V J L
E R A G N N J F L S N N M V N I S A G
N G P D R D Q U A P I W M W A G N L N
M N M J U D F U F U K H K U S A I L U
O U J R W D N P Y R I H K K D B H H
R K C U R K U N D E W V N S Y B E G C
D C C N P Z N D N N G L S R I H E I S
Y I N R A W T G P S C U V T E O I P L
F T U K W W Y J Z U H N I O P X Z L E
R S S L W C F A R C K C O R O E E Y A
Y R I Q M T Y E S H T C O E L V L E F
A E X V P E F T J E P F I F Q V X I A
V R B N T Q B P L D I M Q S M W X I L
N G Q U C W F W I L N W Z Q S H X I O
S C E H C W C H I Q S G A U Q Z C J F
K B R V N I Z N O H P Q C C K L P S M
R F Z J E P G K U D U T D C E H H U P

```
B I S S S P U R D Q H Q D H D G M N Q
S L A B O R S I H W V A N T K U P H Y
K O Z W S D H L E Y E W E O I L K C T
S R Y U K P O W O W M H T E V G C
W U H L N W E B S L Q A Y D K I I J Q
T P N C L E B J V U Z D K K N C S D D
Z U W W H N K H D E P A Y L L H P D H
F O W R H D W I Z G W V C T E E B V Q
R E T G I D L U H C S E B U I N G W I
E T D X Z D N I R P K B G J C F X D I
H N K S K O R R U P T I O N H U I A S
O P I U P E W G W S D J R U E N C T B
Y W W C U K C D K E O J B F N D Z E H
O Q I T Y J L M S E C Q U T I O D J G
R B O B K B J L D L I C A K N R Z N P
P L P O R B U A Y A M E K Z S T H S Z
A N S Q Q U A M E D Y L V R E N P F J
Y Q O J U Y I H I I J K H Z K M P H R
R N Y I Q Z L V S F V D V H T D G K N
G N U D N H A F R E T S A R E U D Q Y
H Z E V Q S K Y D A S M X I N U O Y K
Z W M E S S E R W Z H E W D P A V E L
J R U T O D E S U R S A C H E B Y N W
T N C C O U Z J E D F D C X D E L Y Y
```

11

LEICHENINSEKTEN

AMOK

MESSER

TODESURSACHE

BESCHULDIGTER

RASTERFAHNDUNG

LEICHENFUNDORT

LABOR

BISSSPUR

KORRUPTION

Lösung

```
B I S S S P U R  D Q H Q D H D G M N Q
S L A B O R  S I H W V A N T K U P H Y
K O Z W S D H L E Y E W E O I L K C T
S R Y U K P O P O W O W M H T E V G C
W U H L N W E B S L Q A Y D K I I J Q
T P N C L E B J V U Z D K K N C S D D
Z U W W H N K H D E P A Y L L H P D H
F O W R H D W I Z G W V C T E E B V Q
R E T G I D L U H C S E B U I N G W I
E T D X Z D N I R P K B G J C F X D I
H N K S K O R R U P T I O N H U I A S
O P I U P E W G W S D J R U E N C T B
Y W W C U K C D K E O J B F N D Z E H
O Q I T Y J L M S E C Q U T I O D J G
R B O B K B J L D L I C A K N R Z N P
P L P O R B U A Y A M E K Z S T H S Z
A N S Q Q U A M E D Y L V R E N P F J
Y Q O J U Y I H I I J K H Z K M P H R
R N Y I Q Z L V S F V D V H T D G K N
G N U D N H A F R E T S A R E U D Q Y
H Z E V Q S K Y D A S M X I N U O Y K
Z W M E S S E R W Z H E W D P A V E L
J R U T O D E S U R S A C H E B Y N W
T N C C O U Z J E D F D C X D E L Y Y
```

J	F	W	E	N	G	T	S	P	T	G	F	W	E	O	D	Q	I	R
A	Y	B	Z	U	C	T	A	E	X	M	S	X	O	C	C	X	G	S
Z	V	K	X	Z	O	V	H	T	Z	G	J	A	E	J	D	U	P	J
H	Z	C	B	H	D	U	D	N	V	V	N	W	Q	C	V	E	V	Z
O	V	R	C	L	C	K	U	H	M	O	L	M	X	X	F	V	N	S
Z	W	H	N	L	U	E	M	G	B	R	R	T	J	A	D	L	P	Z
E	T	S	A	N	E	T	N	D	I	T	O	W	R	M	E	V	Z	U
T	E	O	C	J	D	I	S	G	M	R	O	T	U	W	L	L	Z	E
V	S	I	T	W	T	S	C	P	I	J	S	A	R	R	A	D	W	B
P	M	E	N	S	F	V	S	H	R	Q	B	W	M	X	F	L	Y	E
T	M	D	T	B	C	F	E	O	E	I	X	I	V	B	A	F	P	R
R	H	P	E	R	R	H	K	X	P	N	T	N	T	U	J	F	S	F
D	O	W	K	Q	O	U	L	K	F	C	F	Z	R	A	U	B	M	A
E	X	O	G	U	Y	B	C	A	G	L	P	L	E	T	T	J	F	L
G	Q	Z	B	X	E	I	A	H	G	F	Y	J	E	R	X	F	D	L
Y	Y	K	X	A	U	K	B	U	L	K	F	N	Q	C	C	I	T	L	F
J	D	H	J	R	W	F	A	C	R	O	V	V	O	R	K	L	S	G
M	L	W	L	O	S	D	V	Q	I	B	P	U	G	V	Q	E	O	T
B	W	A	A	R	L	K	Y	T	X	H	Z	U	U	Y	J	X	G	Q
B	A	K	G	Z	H	F	K	G	V	U	Z	X	R	H	P	N	K	B
E	L	V	Z	E	Z	U	M	T	C	E	R	U	D	F	A	C	Z
X	O	C	H	Z	D	Q	M	B	T	F	Z	E	J	N	P	C	I	A
J	P	N	Z	B	P	O	P	T	O	F	L	I	G	H	H	W	A	A
C	T	M	O	N	X	R	K	X	Y	B	S	M	I	C	P	T	T	T

12

STRAFE	BLUTSPRITZER
ZUGRIFF	LABORTEST
TOTSCHLAG	EINBRUCH
TATVORWURF	OBDUKTION
LEICHENFLECKE	UEBERFALL

Lösung

J F W E N G T S P T G F W E O D Q I R
A Y B Z U C T A E X M S X O C C X G S
Z V K X Z O V H T Z G J A E J D U P J
H Z C B H D U D N V V N W Q C V E V Z
O V R C L C K U H M O L M X X F V N S
Z W H N L U E M G B R R T J A D L P Z
E T S A N E T N D I T O W R M E V Z U
T E O C J D I S G M R O T U W L L Z E
V S I T W T S C P I J S A R R A D W B
P M E N S F V S H R Q B W M X F L Y E
T M D T B C F E O E I X I V B A F P R
R H P E R R H K X P N T N T U J F S F
D O W K Q O U L K F C F Z R A U B M A
E X O G U Y B C A G L P L E T T J F L
G Q Z B X E I A H G F Y J E R X F D L
Y X K X U K B U L K F N Q C C I T L F
J D H J R W F A C R O V V O R K L S G
M L W L O S D V Q I B P U G V Q E O T
B W A A R L K Y T X H Z U U Y J X G Q
B A K G Z F K G V U Z X R H P N K B
E L V Z E Z U V M T C E R U D F A C Z
X O C H Z D Q M B T F Z E J N P C I A
J P N Z B P O P T O F L I G H H W A A
C T M O N X R K X Y B S M I C P T T T

J W Y I E X P A G L O G F G T W Z D Z
A G V S Z Z P P O Y A E S C Y Y J O J
C N D U U J Q E I T G E M V K N V T V
S S G D M N M I P D D O F A Z Q Z P I
Q K L I S O A R D H V V T J E O D I R
D Z A D Y X T O F W E M Y R L Q C A D
Q G S N O P N E S R X S A Z K F M W I
W Y S A Y U A H S B V E S V U N O I T
M N C G V E L T U D X G H N X Y R N U
R I H O V I E S H C L A E F P K E M X
R P E Q P C I G S O E H V P N Q S N N
R X R K K R C N U C L J O U R H O E N
V T B Z R A I U I F X O A F T P Z T U
P R E T C H F D Z Y G D G A M Y I U E
V Y N E D X C N I U I F P I E C A L X
Y D F W Q W C I D E Z O X M E O L B C
S H U F U R A B B F H Z H Q T A I R G
G J Q L L H D S D C J R F I R S S E V
H G I J Q Q T M Y T G X N M D Q I V K
R O T N L A V S U H N X J M U N E B A
K P F Y H S P X W H Q B L V P H R V D
Z A B L Y H A M V R E T L O F N U C T
N Q U C B C V Q M H I J G W L H N A K
B V L Z C K Q V L R C Q P F Z V G U A

Lösung

J W Y I E X P A G L O G F G T W Z D Z
A G V S Z Z P P O Y A E S C Y Y J O J
C N D U U J Q E I T G E M V K N V T V
S S G D M N M I P D D O F A Z Q Z P I
Q K L I S O A R D H V V T J E O D I R
D Z A D Y X T O F W E M Y R L Q C A D
Q G S N O P N E S R X S A Z K F M W I
W Y S A Y U A H S B V E S V U N O I T
M N C G V E L T U D X G H N X Y R N U
R I H O V I E S H C L A E F P K E M X
R P E Q P C I G S O E H V P N Q S N N
R X R K R C N U C L J O U R H O E N N
V T B Z R A I U I F X O A F T P Z T U
P R E T C H F D Z Y G D G A M Y I U E
V Y N E D X C N I U I F P I E C A L X
Y D F W Q W C I D E Z O X M E O L B C
S H U F U R A B B F H Z H Q T A I R G
G J Q L L H D S D C J R F I R S S E V
H G I J Q Q T M Y T G X N M D Q I V K
R O T N L A V S H N X J M U N E B A
K P F Y H S P X W H Q B L V P H R V D
Z A B L Y H A M V R E T L O F N U C T
N Q U C B C V Q M H I J G W L H N A K
B V L Z C K Q V L R C Q P F Z V G U A

```
V D I Y A D V Z Q A N I J D E V F T H
Z I J Z W K X V Y C U A O D F P Q K T
S P I T Z E L F J D G F V B A O S K T
G Q U G F Q Q M S E P X S X R E V Z A
G N U R H E A W E B Z E O D T X W B A
D J Z P I Z R K P E A B M Z S Z Q F M
E E Q C C I G S R S G U G G S U X T G
V E M R X R Q O Q X M L F N T U I T P
E N A N K O U W X I A K B U I R I N X
D L U T X Q J Y F O O Y I R E J P T X
T Y P V H B V I W N L U Y H H H B L S
X O X B R C Z Z S X Q W V E I F U C V
J K Y Q K I U K H N W C G U E F Y F N
O V G U E J Q L O V F S W F R M Q X L
T A V R E S S A F H T I O T F I F P H
O G U G I Y D H R E L L E N I M I R K
G N K E C N A R E L O T F E Y C Q J K
G E X N F F P J E G T M Z L M U C T N
W M W W I N B F V A G Q O J U K E I Q
D H F A R S P Q Z D N Z M C G A T G Y
O D C F L M N N X V Q E F W M D D R H
S U N Y U T D B E S R C Z Y M D W W Z
B O C T E X E O N Y V J U C V F Z H D
E B S V B D H S N F O G K R R X K K O
```

14

FLUCHT

SPITZEL

MUMIFIZIERUNG

KRIMINELLER

BEWAEHRUNG

ZERO TOLERANCE

ENTFUEHRUNG

ASSERVAT

FREIHEITSSTRAFE

STUMPFE GEWALT

Lösung

```
V D I Y A D V Z Q A N I J D E V F T H
Z I J Z W K X V Y C U A O D F P Q K T
S P I T Z E L F J D G F V B A O S K T
G Q U G F Q Q M S E P X S X R E V Z A
G N U R H E A W E B Z E O D T X W B A
D J Z P I Z R K P E A B M Z S Z Q F M
E E Q C C I G S R S G U G G S U X T G
V E M R X R Q O Q X M L F N T U I T P
E N A N K O U W X I A K B U I R I N X
D L U T X Q J Y F O O Y I R E J P T X
T Y P V H B V I W N L U Y H H H B L S
X O X B R C Z Z S X Q W V E I F U C V
J K Y Q K I K H N W C G U E E F Y F N
O V G U E J Q L O V F S W F R M Q X L
T A V R E S S A F H T I O T F I F P H
O G U G I Y D H R E L L E N I M I R K
G N K E C N A R E L O T F E Y C Q J K
G E X N F F P J E G T M Z L M U C T N
W M W W I N B F V A G Q O J U K E I Q
D H F A R S P Q Z D N Z M C G A T G Y
O D C F L M N X V Q E F W M D D R H P
S U N Y U T D B E S R C Z Y M D W W Z
B O C T E X E O N V J U C V F Z H D P
E B S V B D H S N F O G K R R X K K O
```

X F H X A W F F B D I D C E E O U B Q
H C Y K V V R E D O S B U T G S U G T
U Z X V I H T S H O C P A J I M Q R K
A Q E W Q R E G S F N P U I E K V Z I
W A D X U E F N V R W W U P M M D W X
N L L G H Z F U N E Z K R H E S T J R
G U T R T G A T N C Z H G M B K I T D
N Z D G W R W F E N N J I M N T W A P
U Y H C E N H I T H V R W V P O E I N
R I L B L H C T L C C N D N V J U N T
E E R A V R I S A I C Y B E R B G X S
I H F O E A T D H L P T U B V D V R I
S E S Y F J S N R G C I Y V I I A L D
I O F F A A G A E N D S R J G L U J A
L K O E R P E R V E R L E T Z U N G S
A W S S T L Z B T A G Q Y J Q V W Q F
N M Y Z S J R S A L X B T D B N X I S
I K S X S X Q T T S E Q E C C K M I O
M Q A C E S R K I N O I L S U S N Z X
I W W A D X Z V K E J L E C M W D B U
R S V A O Z M N G B J Z U O A O X A J
K A N X T H D U H E D R F P W O C I U
Y Y L B H W L T N L U R I I R W T J G
V Y B W I E Y R O F Y K Z X B A B O R

15

TODESSTRAFE

TATVERHALTEN

STICHWAFFE

LEBENSLAENGLICH

CYBER CRIME

KOERPERVERLETZUNG

SADIST

BETRUG

KRIMINALISIERUNG

BRANDSTIFTUNG

Lösung

X	F	H	X	A	W	F	F	B	D	I	D	C	E	E	O	U	B	Q
H	C	Y	K	V	V	R	E	D	O	S	B	U	T	G	S	U	G	T
U	Z	X	V	I	H	T	S	H	O	C	P	A	J	I	M	Q	R	K
A	Q	E	W	Q	R	E	G	S	F	N	P	U	I	E	K	V	Z	I
W	A	D	X	U	E	F	N	V	R	W	W	U	P	M	M	D	W	X
N	L	L	G	H	Z	F	U	N	E	Z	K	R	H	E	S	T	J	R
G	U	T	R	T	G	A	T	N	C	Z	H	G	M	B	K	I	T	D
N	Z	D	G	W	R	W	F	E	N	N	J	I	M	N	T	W	A	P
U	Y	H	C	E	N	H	I	T	H	V	R	W	V	P	O	E	I	N
R	I	L	B	L	H	C	T	L	C	N	D	N	V	J	U	N	T
E	E	R	A	V	R	I	S	A	I	C	Y	B	E	R	B	G	X	S
I	H	F	O	E	A	T	D	H	L	P	T	U	B	V	D	V	R	I
S	E	S	Y	F	J	S	N	R	G	C	I	Y	V	I	I	A	L	D
I	O	F	F	A	A	G	A	E	N	D	S	R	J	G	L	U	J	A
L	K	O	E	R	P	E	R	V	E	R	L	E	T	Z	U	N	G	S
A	W	S	S	T	L	Z	B	T	A	G	Q	J	Q	V	W	Q	F
N	M	Y	Z	S	J	R	S	A	L	X	B	T	D	B	N	X	I	S
I	K	S	X	S	X	Q	T	T	S	E	Q	E	C	C	K	M	I	O
M	Q	A	C	E	S	R	K	I	N	O	I	L	S	U	S	N	Z	X
I	W	W	A	D	X	Z	V	K	E	J	L	E	C	M	W	D	B	U
R	S	V	A	O	Z	M	N	G	B	J	Z	U	O	A	O	X	A	J
K	A	N	X	T	H	D	U	H	E	D	R	F	P	W	O	C	I	U
Y	Y	L	B	H	W	L	T	N	L	U	R	I	I	R	W	T	J	G
V	Y	B	W	I	E	Y	R	O	F	Y	K	Z	X	B	A	B	O	R

16

GEFAHRENABWEHR

AXT

SCHNELLTEST

BKA

ANZEIGEPFLICHT

BANKRAUB

ZEUGE

UNFALLFLUCHT

SCHLEIFSPUREN

HIRNTOD

Lösung

```
J F F M C F F H Q K T N D Y I S A Y Q
X O K D H C G Q A F C M E N J T C W K
S P A Z I G C E N K Q L U T Z V P S U
V N P R N D A T B K E Y C V D G Y X C
T B P U G P C U E D O I U V V Z H W S
E C M V V E G U E Z N F T Y C B G H G
G E F A H R E N A B W E H R S S D S A
Z R R R J X W B M L K M Q U F H X C I
N A F S X A K B D A C Q M P I B E H O
J Q G A C Z G Q H N I L D G E I Q L D
T S E T L L E N H C S P J Y T L G E H
E P M C C J W J M H E I F Y A P Q I I
F Z J T I T Q N Q P R M O P O T Q B F R
F F J Y L Z C L W F J M P X F X A N S N
T Z C K S Y Q M R G E V H A V M N P T
U Q V K Z U C H O N E F W B P L S K U O
Q T G X T V T A I L C L Q C Q V R A R D
I P K H N I E R B F H Z S M S A O A E X
L X T H C U L F L L A F N U S L U N E
G V D F D Z X D D Q Y O W S O J B E Q
W W O L S G L Z B X D G U W M K T K I
M G J H Q I S K T J A Z J Q T M X E H
Q W A N Z E I G E P F L I C H T A J Y
F M O E V G R P Z M M S V D E F B B W
```

Gefundene Wörter: ZEUGE, GEFAHRENABWEHR, AKB, SCHLENTEST, ANZEIGEPFLICHT, SCHLEIFSPUREN, BANKRAUB, HIRNTOD, TATXB

Q	Y	T	R	V	E	V	G	U	L	O	C	V	J	N	U	H	I	T
V	A	I	B	Y	Q	K	H	D	L	X	C	U	C	W	N	T	D	H
F	F	N	G	W	V	M	V	Z	E	N	G	K	Z	C	E	R	E	W
S	T	E	L	L	E	N	H	R	S	E	H	O	M	F	R	B	N	E
V	X	Y	U	G	G	G	E	D	N	U	C	E	S	O	U	G	T	W
E	Z	M	J	F	V	P	Z	D	R	S	K	R	M	S	P	G	I	B
B	K	Q	H	Q	S	T	S	A	L	G	H	P	P	T	S	G	T	X
Z	Z	O	Q	I	Y	T	H	A	M	D	U	E	R	I	H	R	A	V
D	V	R	F	P	R	Q	R	V	E	B	K	R	A	G	C	W	E	N
V	N	H	L	A	H	U	T	Z	L	H	I	S	E	M	U	M	T	M
J	Y	N	F	J	Y	O	G	T	M	P	L	P	V	A	A	S	P	D
X	Q	E	Z	N	V	C	L	U	W	Z	G	R	E	T	M	P	L	J
J	W	F	O	Q	W	A	O	C	P	X	F	A	N	I	H	L	I	I
A	N	U	A	F	N	E	H	C	I	E	L	C	T	S	C	U	H	Z
R	C	G	V	O	X	B	T	T	M	B	B	H	I	I	S	K	W	F
U	Z	O	L	R	I	P	F	N	B	V	G	E	O	E	U	D	S	A
B	B	D	M	Z	S	T	Z	R	M	X	Q	O	N	R	G	F	R	Q
U	V	K	L	F	A	L	I	Q	Q	V	Q	M	K	U	M	O	W	L
F	C	C	P	J	F	R	I	E	M	T	Y	F	H	N	S	K	R	N
P	S	P	R	E	N	G	M	I	T	T	E	L	G	G	X	J	I	Z
E	K	C	E	U	R	D	B	A	R	E	G	N	I	F	N	A	N	N
J	R	W	B	K	M	J	E	A	N	T	X	J	H	N	X	G	Z	W
C	X	K	V	V	A	M	O	I	F	U	Y	B	H	G	M	M	I	T
Y	P	I	F	D	F	W	O	D	Q	F	V	R	N	X	Z	T	Y	D

17

STIGMATISIERUNG

JUGENDSTRAFE

LEICHENFAUNA

STELLEN

KOERPERSPRACHE

IDENTITAET

SCHMAUCHSPUREN

PRAEVENTION

FINGERABDRUECKE

SPRENGMITTEL

Lösung

```
Q Y T R V E V G U L O C V J N U H I T
V A I B Y Q K H D L X C U C W N T D H
F F N G W V M V Z E N G K Z C E R E W
S T E L L E N H R S E H O M F R B N E
V X Y U G G G E D N U C E S O U G T W
E Z M J F V P Z D R S K R M S P G I B
B K Q H Q S T S A L G H P P T S G T X
Z Z O Q I Y T H A M D U E R I H R A V
D V R F P R Q R V E B K R A G C W E N
V N H L A H U T Z L H I S E M U M T M
J Y N F J Y O G T M P L P V A A S P D
X Q E Z N V C L U W Z G R E T M P L J
J W F O Q W A O C P X F A N I H L I I
A N U A F N E H C I E L C T S C U H Z
R C G V O X B T T M B B H I I S K W F
U Z O L R I P F N B V G E O E U D S A
B B D M Z S T Z R M X Q O N R G F R Q
U V K L F A L I Q Q V Q M K U M O W L
F C C P J F R I E M T Y F H N S K R N
P S P R E N G M I T T E L G G X J I Z
E K C E U R D B A R E G N I F N A N N
J R W B K M J E A N T X J H N X G Z W
C X K V V A M O I F U Y B H G M M I T
Y P I F D F W O D Q F V R N X Z T Y D
```

A	N	Z	E	I	G	E	V	E	R	H	A	L	T	E	N	K	Q	I
E	S	U	H	V	W	S	N	D	U	F	O	P	U	G	F	Z	F	T
J	A	I	E	R	P	Y	G	U	E	I	J	E	U	A	W	I	C	S
J	P	J	Q	B	L	O	Z	X	F	F	B	J	V	P	L	X	Y	W
U	K	J	O	T	E	J	L	Y	H	E	O	E	B	R	A	F	D	H
U	G	U	H	T	K	R	X	I	R	Z	R	S	P	R	Z	C	P	J
N	T	J	Z	O	R	T	W	D	Z	L	T	G	M	E	W	U	I	I
Y	T	E	J	T	G	S	O	A	E	I	V	Y	E	F	T	I	P	C
X	O	P	X	X	E	S	Q	T	C	D	S	X	G	P	X	H	F	V
S	L	P	T	C	I	R	Z	V	H	H	K	T	G	O	C	Q	S	E
C	H	V	Q	E	H	U	S	L	F	G	U	R	K	P	H	E	J	R
X	A	D	R	N	N	C	N	S	Y	N	X	N	I	Q	X	H	F	B
L	D	U	G	U	S	Y	Q	H	S	T	M	G	P	S	W	O	R	
N	N	F	P	S	T	P	S	J	Y	Q	F	E	J	F	O	A	J	E
G	Z	P	C	M	G	I	B	N	O	X	R	K	N	S	S	W	S	C
Z	T	O	T	E	N	S	C	H	E	I	N	F	L	Q	V	I	G	H
Q	K	C	J	Y	O	Z	X	T	U	C	Y	V	V	B	N	V	N	E
H	O	J	K	Y	G	C	X	J	F	J	R	H	V	J	Y	D	Y	N
L	L	D	U	C	H	J	R	E	Q	L	W	X	I	K	D	I	L	V
B	A	Z	F	Y	Y	E	Q	S	K	D	T	J	U	L	U	O	U	S
P	S	P	T	M	U	E	F	Z	D	Z	Y	I	R	Z	Z	S	P	Y
N	L	S	J	B	L	K	Z	B	J	P	I	P	J	K	K	H	H	A
L	H	O	F	G	D	K	X	W	B	Q	G	W	T	C	W	V	G	O
D	R	O	G	E	N	D	E	L	I	K	T	Z	Z	C	Q	N	Q	B

ANZEIGEVERHALTEN

VERBRECHEN

OPFER

POLIZIST

UEBERWACHUNG

KRIPO

UEBERDOSIERUNG

TOTENSCHEIN

VERLETZUNG

DROGENDELIKT

Lösung

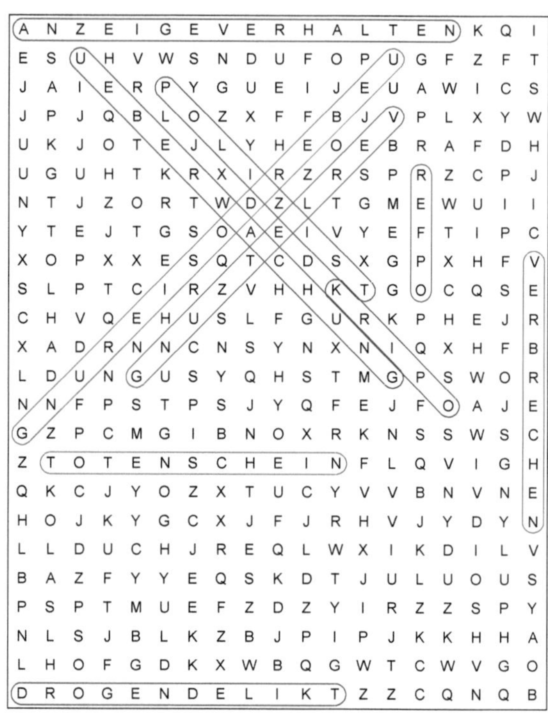

DAS

AUTOMARKEN

WORTSUCHRÄTSEL BUCH

H	O	N	D	A	V	K	Z	X	M	F	H	F	F	X	N	E	A	Z
W	P	I	R	O	V	E	R	R	Z	E	M	Q	F	Y	E	U	H	P
D	A	P	G	N	G	F	G	E	A	V	V	M	G	Z	O	O	F	T
Y	Z	L	O	X	Q	O	N	X	J	U	E	M	Q	V	R	G	M	E
B	Z	W	S	C	B	G	F	D	S	Q	G	K	A	B	T	R	O	K
L	S	I	M	E	A	C	W	U	C	M	R	D	L	Y	I	H	S	T
O	O	P	K	R	T	I	P	F	P	B	M	G	Y	J	C	Q	D	T
H	K	F	X	C	F	Q	N	T	R	V	A	C	B	K	O	B	W	D
A	V	V	L	Y	G	V	H	Y	F	B	D	M	L	P	T	W	K	Y
C	P	C	L	U	D	G	W	B	R	H	N	B	L	L	W	H	K	Q
K	P	M	T	A	V	N	G	K	X	G	O	U	K	I	H	H	R	S
Q	N	P	I	B	S	B	P	R	T	Q	H	S	A	Y	S	P	H	R
T	S	V	Q	H	C	O	M	N	A	S	A	L	J	H	W	R	Q	A
J	Y	Q	C	Q	R	A	L	Y	Z	Q	D	P	R	F	I	L	Q	U
G	S	M	D	S	F	Y	B	O	V	G	T	B	H	G	P	B	T	H
W	Z	N	C	B	H	O	A	H	T	Y	K	S	G	L	V	I	G	G
Z	S	H	X	A	V	U	K	Q	M	V	B	C	O	X	Y	M	F	Z
U	E	C	W	S	A	Y	B	T	M	C	X	L	G	E	N	J	W	C
K	Y	A	W	O	D	R	A	W	G	R	O	B	E	S	P	C	Z	B
Z	G	O	X	W	V	G	H	H	S	F	E	S	D	H	K	D	R	B
J	X	K	O	V	L	O	V	R	E	D	N	E	Z	K	S	M	B	X
F	A	L	G	U	M	Y	S	P	W	M	K	B	Z	A	V	E	B	W
J	J	J	Z	S	V	J	E	C	C	Y	X	M	C	B	D	T	R	P
D	P	S	I	P	W	C	L	T	Y	N	R	T	D	X	K	I	U	Q

1

CITROEN   HONDA

SHELBY   TESLA

PORSCHE   HONDA

BORGWARD   ZENDER

ROVER   VOLVO

Lösung

H	O	N	D	A	V	K	Z	X	M	F	H	F	F	X	N	E	A	Z
W	P	I	R	O	V	E	R	R	Z	E	M	Q	F	Y	E	U	H	P
D	A	P	G	N	G	F	G	E	A	V	V	M	G	Z	O	O	F	T
Y	Z	L	O	X	Q	O	N	X	J	U	E	M	Q	V	R	G	M	E
B	Z	W	S	C	B	G	F	D	S	Q	G	K	A	B	T	R	O	K
L	S	I	M	E	A	C	W	U	C	M	R	D	L	Y	I	H	S	T
O	O	P	K	R	T	I	P	F	P	B	M	G	Y	J	C	Q	D	T
H	K	F	X	C	F	Q	N	T	R	V	A	C	B	K	O	B	W	D
A	V	V	L	Y	G	V	H	Y	F	B	D	M	L	P	T	W	K	Y
C	P	C	L	U	D	G	W	B	R	H	N	B	L	L	W	H	K	Q
K	P	M	T	A	V	N	G	K	X	G	O	U	K	I	H	H	R	S
Q	N	P	I	B	S	B	P	R	T	Q	H	S	A	Y	S	P	H	R
T	S	V	Q	H	C	O	M	N	A	S	A	L	J	H	W	R	Q	A
J	Y	Q	C	Q	R	A	L	Y	Z	Q	D	P	R	F	I	L	Q	U
G	S	M	D	S	F	Y	B	O	V	G	T	B	H	G	P	B	T	H
W	Z	N	C	B	H	O	A	H	T	Y	K	S	G	L	V	I	G	G
Z	S	H	X	A	V	U	K	Q	M	V	B	C	O	X	Y	M	F	Z
U	E	C	W	S	A	Y	B	T	M	C	X	L	G	E	N	J	W	C
K	Y	A	W	O	D	R	A	W	G	R	O	B	E	S	P	C	Z	B
Z	G	O	X	W	V	G	H	H	S	F	E	S	D	H	K	D	R	B
J	X	K	O	V	L	O	V	R	E	D	N	E	Z	K	S	M	B	X
F	A	L	G	U	M	Y	S	P	W	M	K	B	Z	A	V	E	B	W
J	J	J	Z	S	V	J	E	C	C	Y	X	M	C	B	D	T	R	P
D	P	S	I	P	W	C	L	T	Y	N	R	T	D	X	K	I	U	Q

S	G	N	E	W	Y	N	Z	C	U	L	G	W	M	F	M	O	A	G
S	M	S	I	L	U	D	L	U	J	W	U	A	K	J	X	F	P	B
N	O	H	K	V	L	I	N	C	O	L	N	W	V	J	Y	Q	A	A
Q	I	C	G	H	A	P	C	U	B	T	C	Z	M	E	H	D	U	E
F	Z	V	R	E	N	A	U	L	T	V	O	O	V	F	P	K	V	L
C	L	A	U	U	O	S	G	W	S	Q	S	X	U	H	W	I	J	V
D	N	M	R	E	V	O	R	E	G	N	A	R	Z	Z	L	F	A	P
V	V	W	N	S	G	H	C	M	I	U	B	F	N	N	Y	F	J	U
Z	A	D	Q	E	N	F	R	T	M	C	N	T	G	R	P	T	C	P
X	B	Y	W	P	R	S	G	J	O	A	B	A	R	T	H	H	K	W
C	S	E	O	Z	S	A	M	Z	O	Y	V	T	V	M	I	J	E	B
K	K	N	Q	B	Z	L	L	N	G	X	O	E	S	H	W	X	X	I
U	T	B	W	O	M	H	D	C	M	N	K	B	N	H	Z	Q	N	S
I	J	N	D	B	C	B	P	B	M	A	Y	Q	H	O	P	N	B	H
A	A	Y	W	C	F	I	G	O	A	L	N	C	L	A	G	A	C	U
E	X	A	V	R	D	R	D	E	F	U	A	D	Z	A	M	L	T	C
Y	I	R	F	I	H	S	F	P	U	C	N	B	X	L	S	P	Z	A
B	O	Y	C	W	O	K	F	E	C	W	O	C	P	W	G	I	Q	I
K	R	E	V	O	R	D	N	A	L	L	K	R	Z	M	O	N	V	B
L	R	N	J	X	L	V	C	P	T	M	B	N	C	Y	X	E	H	T
K	A	E	R	J	W	I	U	C	X	S	M	C	J	W	F	G	A	A
Q	Q	T	W	I	I	P	Z	M	O	S	A	M	O	T	E	D	E	J
G	F	N	T	T	Y	T	W	A	F	G	E	Q	G	L	Z	W	F	D
J	S	X	D	B	H	B	U	A	W	Q	A	F	S	S	S	L	J	J

2

DETOMASO

RENAULT

ABARTH

ALPINE

VW

MCLAREN

RANGEROVER

LINCOLN

LANDROVER

MAZDA

Lösung

S	G	N	E	W	Y	N	Z	C	U	L	G	W	M	F	M	O	A	G
S	M	S	I	L	U	D	L	U	J	W	U	A	K	J	X	F	P	B
N	O	H	K	V	L	I	N	C	O	L	N	W	N	V	J	Y	Q	A
Q	I	C	G	H	A	P	C	U	B	T	C	Z	M	E	H	D	U	E
F	Z	V	R	E	N	A	U	L	T	V	O	O	V	F	P	K	V	L
C	L	A	U	U	O	S	G	W	S	Q	S	X	H	W	I	J	I	V
D	N	M	R	E	V	O	R	E	G	N	A	R	Z	Z	L	F	A	P
V	V	W	N	S	G	H	C	M	I	U	B	F	N	N	Y	F	J	U
Z	A	D	Q	E	N	F	R	T	M	C	N	T	G	R	P	T	C	P
X	B	Y	W	P	R	S	G	J	O	A	B	A	R	T	H	H	K	W
C	S	E	O	Z	S	A	M	Z	O	Y	V	T	V	M	I	J	E	B
K	K	N	Q	B	Z	L	L	N	G	S	E	S	H	W	X	X	X	I
U	T	B	E	W	O	M	H	D	C	M	N	K	E	N	H	Z	Q	S
I	J	N	E	B	R	C	B	P	B	M	A	Y	Q	H	O	P	N	H
A	A	Y	W	C	F	I	G	O	A	L	N	C	L	A	G	A	C	U
E	X	A	V	R	D	R	D	E	F	U	A	D	Z	A	M	L	T	C
Y	I	R	F	I	H	S	F	P	U	C	N	B	X	L	S	P	Z	A
B	O	Y	C	W	O	K	F	E	C	W	O	C	P	W	G	I	Q	I
K	R	E	V	O	R	D	N	A	L	L	K	R	Z	M	O	N	V	B
L	R	N	J	X	L	V	C	P	T	M	B	N	C	Y	X	E	H	T
K	A	E	R	J	W	I	U	C	X	S	M	C	J	W	F	G	A	A
Q	Q	T	W	I	I	P	Z	M	O	S	A	M	O	T	E	D	J	E
G	F	N	T	T	Y	T	W	A	F	G	E	Q	G	L	Z	W	F	D
J	S	X	D	B	H	B	U	A	W	Q	A	F	S	S	S	L	J	J

E W L Z Z D P F L A J Z O R B F Z F B
G D I J T R A L P P L E N N T R G S F
D P B B T U R J R U A A T E N O B P M
D F O B E P L W T P G E I T R V N G Q
J W E B G Q N L U I V D Q E E W M T Q
L X V K G D B K O N L Z N H F V M U Q
Q X N V S X L M Y I A C H N U P R B O
V E E E S N F Y D N O B T W X R A O T
Z I B A F L E L E F I E A K S N O E C
H M Z L T M O Z P A S J I T T I G M T
C Q B E J B F Q L R H F L R P V G V J
T Z T L B Z R H M I S E M J N L M E E
O I O W K W T Q K N S V U C Y A W Q Z
X Y H V Q L E S U A B E D L R U H Y H
L W N K N M H G V C A A U I A D J O
L W V G X F W J J S M A T T N E W G H
X O N Y T C D O Z R A I D R R L Z L X
K U Q R O K A D U T Z D M Q V I X M H
S A N W Q O R C H W D J J R Q E Y T Y
S F O R D U X P G G E A C P E V W C H
Y R F D P I C Y N H M W Z A P K M A M
K O E N I G S E G G B R C Z R W B M U
P H D R A U T O M O B I L E S L Q I Q
W S Y I N X K I T R E B A R U C A R I

3

SEAT

ACURA

FORD

KOENIGSEGG

RIMAC

PININFARINA

DRAUTOMOBILES

MARUTI

HEULIEZ

CORVETTE

```
E W L Z Z D P F L A J Z O R B F Z F B
G D I J T R A L P P L E N N T R G S F
D P B B T U R J R U A A T E N O B P M
D F O B E P L W T P G E I T R V N G Q
J W E B G Q N L U I V D Q E E W M T Q
L X V K G D B K O N L Z N H F V M U Q
Q X N V S X L M Y I A C H N U P R B O
V E E E S N F Y D N O B T W X R A O T
Z I B A F L E L E F I E A K S N O E C
H M Z L T M O Z P A S J I T T I G M T
C Q B E J B F Q L R H F L R P V G V J
T Z T L B Z R H M I S E M J N L M E E
O I O W K W T Q K N S V U C Y A W Q Z
X Y H V Q L E S U A B E D L R U H Y H
L W N K N L N M H G V C A A U I A D J O
L W V G X F W J J S M A T T N E W G H
X O N Y T C D O Z R A I D R R L Z L X
K U Q R O K A D U T Z D M Q V I X M H
S A N W Q O R C H W D J J R Q E Y T Y
S F O R D U X P G G E A C P E V W C H
Y R F D P I C Y N H M W Z A P K M A M
K O E N I G S E G G B R C Z R W B M U
P H D R A U T O M O B I L E S L Q I Q
W S Y I N X K I T R E B A R U C A R I
```

A	K	U	N	D	U	P	Z	I	K	V	H	J	W	D	I	F	K	L
P	E	Z	X	A	N	D	X	J	P	R	Y	Q	A	Y	O	O	B	E
S	D	E	Z	Z	E	Y	C	D	N	H	M	N	C	C	I	X	X	R
N	W	A	N	V	Z	M	K	G	L	G	M	N	U	U	M	Q	I	S
R	V	Q	X	A	P	W	C	Z	U	E	C	N	E	U	V	T	C	Q
J	K	C	P	K	U	I	F	Q	K	B	V	X	W	E	H	Q	J	E
I	C	T	I	T	S	D	L	Q	L	R	I	S	W	B	L	J	B	Y
J	Y	Q	K	F	N	A	I	U	B	N	E	I	I	P	M	A	U	H
Y	J	R	U	R	J	Y	H	Y	I	T	T	N	I	P	N	J	S	H
Z	O	I	Z	Z	E	H	H	H	F	A	A	W	Z	V	N	W	P	H
K	W	B	U	F	Z	N	G	N	Q	G	B	H	U	Y	N	C	S	L
L	R	C	S	B	N	R	J	Y	D	K	W	B	R	C	F	W	M
Y	D	Y	W	D	O	T	K	O	H	L	E	V	T	P	R	J	Y	G
U	L	D	W	B	Y	B	M	M	X	Q	Z	E	M	Q	E	O	W	S
Q	J	M	M	L	E	B	L	L	D	Q	Z	C	P	C	B	E	L	V
T	Y	A	O	E	Q	M	V	G	W	V	M	E	V	S	B	K	W	A
Q	L	E	M	G	Y	Q	T	P	N	X	N	O	M	S	N	S	Y	U
W	W	T	N	P	G	T	L	V	V	A	V	M	D	I	I	I	K	K
Q	A	F	N	P	U	Z	G	P	N	D	F	R	S	D	N	S	R	M
B	S	U	T	O	L	M	T	P	Z	Z	Q	Z	P	M	M	O	M	O
O	A	C	K	U	V	U	I	S	P	W	M	I	N	I	S	S	A	N
I	X	H	J	W	K	T	R	N	Z	K	G	H	Y	L	U	K	C	C
T	I	L	V	W	X	J	R	C	I	H	H	F	C	Z	V	P	K	S
B	H	K	L	R	S	H	L	H	Z	E	Q	C	F	S	T	K	H	S

MORGAN

LAMBORGHINI

NISSAN

SUZUKI

NSU

MINI

SALEEN

RINSPEED

BYD

LOTUS

Lösung

A K U N D U P Z I K V H J W D I F K L
P E Z X A N D X J P R Y Q A Y O O B E
S D E Z Z E Y C D H M N C C I X X R
N W A N V Z M K G L G M N U U M Q I S
R V Q X A P W C Z U E C N E U V T C Q
J K C P K U I F Q K B V X W H Q J E
I C T I T S D L Q L R I S W B L J B Y
J Y Q K F N A I U B N E I I P M A U H
Y J R U R J Y H Y I T T N I P N J S H
Z O I Z Z E H H H F A A W Z N W P H
K W B U F Z N G N Q G B H U Y N C S L
L R C S B N R J Y R D K W B R C F W M
Y D Y W D O T K O H L E V T P R J Y G
U L D W B Y B M M X Q Z E M Q E O W S
Q J M M L E B L L D Z Z C P C B E L V
T Y A O E Q M V G W V M E V S B K W A
Q L E M G Y Q T P X N O M S N S Y U
W W T N P G T L V V A V M D I I K K
Q A F N P U Z G P N D F R S D N S R M
B S U T O L M T P Z Z Q Z P M M O M O
O A C K U V U I S P W M I N I S S A N
I X H J W K T R N Z K G H Y L U K C C
T I L V W X J R C I H H F C Z V P K S
B H K L R S H L H Z E Q C F S T K H S

H V M L B V W O L M V X Y K Z S V O P
S M A R C O S S R S V D D T E L P S E
Y E R A B P R R O Z S I X S X E Y D G
P R O T O N X R U S I B J M L W H U P
I C U U V O V C N S Q K J Q U E Z W V
T D P E Y C A T E R H A M S F Q X G Z
T N E O S S A N G Y O N G L Q F S O R
A B Q L Y I L O H A L S E T U P J G I
G G I A C R E O C X K A F Y M Z J O R
U W L X L I G O L P F W S I Z K S O T
B Y C V O K H Z O G M H K D X Q M I L
H Z G Q X U W C Y A A R L Q R R C O D
U N F I A K D E Q L A O B W O A T U T
G N G P L N Y W Z Z U Q S Z X F Y B X
B J Q O A K G Y X U V A B T I Z T O G
H F A K Y C A T X O P W I S R D C H X
A H N Z J U U G L Z A N G F L F C Q X
S Y S A B W P N M C Z M N H E I R R T
L X X H N H M Z J H G P B T N Z Q F L
L P A N O Z L N A I J G A J Q J I M I
X A O P S H T F T P B W I M T I B F M
F A B K K O A N N A M S E I W I E Z S
Z Q M N T M H X V B H Z I F Q I U T P
W J S G X L U Y O V S L T A C B S A U

5

MARCOS

WIESMANN

LYNKANDCO

CATERHAM

SSANGYONG

BUGATTI

OPEL

TESLA

PANOZ

PROTON

Lösung

```
H  V  M  L  B  V  W  O  L  M  V  X  Y  K  Z  S  V  O  P
S  M  A  R  C  O  S  S  R  S  V  D  D  T  E  L  P  S  E
Y  E  R  A  B  P  R  R  O  Z  S  I  X  S  X  E  Y  D  G
P  R  O  T  O  N  X  R  U  S  I  B  J  M  L  W  H  U  P
I  C  U  U  V  O  V  C  N  S  Q  K  J  Q  U  E  Z  W  V
T  D  P  E  Y  C  A  T  E  R  H  A  M  S  F  Q  X  G  Z
T  N  E  O  S  S  A  N  G  Y  O  N  G  L  Q  F  S  O  R
A  B  Q  L  Y  I  L  O  H  A  L  S  E  T  U  P  J  G  I
G  G  I  A  C  R  E  O  C  X  K  A  F  Y  M  Z  J  O  R
U  W  L  X  L  I  G  O  L  P  F  W  S  I  Z  K  S  O  T
B  Y  C  V  O  K  H  Z  O  G  M  H  K  D  X  Q  M  I  L
H  Z  G  Q  X  U  W  C  Y  A  A  L  Q  R  R  C  O  D
U  N  F  I  A  K  D  E  Q  L  A  O  B  W  O  A  T  U  T
G  N  G  P  L  N  Y  W  Z  Z  U  Q  S  Z  X  F  Y  B  X
B  J  Q  O  A  K  G  Y  X  U  V  A  B  T  I  Z  T  O  G
H  F  A  K  Y  C  A  T  X  O  P  W  I  S  R  D  C  H  X
A  H  N  Z  J  U  U  G  L  Z  A  N  G  F  L  F  C  Q  X
S  Y  S  A  B  W  P  N  M  C  Z  M  N  H  E  I  R  R  T
L  X  X  H  N  H  M  Z  J  H  G  P  S  B  N  Z  Q  F  L
L  P  A  N  O  Z  L  N  A  I  J  G  A  J  Q  J  I  M  I
X  A  O  P  S  H  T  F  T  P  B  W  I  M  T  I  B  F  M
F  A  B  K  K  O  A  N  N  A  M  S  E  I  W  I  E  Z  S
Z  Q  M  N  T  M  H  X  V  B  H  Z  I  F  Q  I  U  T  P
W  J  S  G  X  L  U  Y  O  V  S  L  T  A  C  B  S  A  U
```

J D C A Q Z G Q E K M Q L W H H M K D
L N Q Z V Q F I Z T H Y D H U V I Z R
Q W L C X A H Q A Z X M Q Z W U C W T
I C S G A O E T D M G N B T M B N N W
M F M O M L A G C P V I P I D L O O S
L G L M O M L P M V C O C A T Y C I H
Y U O Q L U R A S N E M R M X T A C W
U C E E X E W A D O I E B X L R S F
D G N C I A G W M A R T P X G F R I E
U L Q Y B D C O N A Y S F Z J A A H V
J N Y R G T Y A N X T U V Y A T O C L
X O M H E E T A H S W B Y G L E M I G
R G L N P J K P X N P I S E A T L G P
C T I M Z B X D I H O S S A A Y K N U
O V Y C Y A N Z P D L H X W J Y J R O
F I X T M N A D Z A Y I H Z G V H Q S
N N S Y H W J X L S M H W U M S Q W C
D Z J O V A X E H F W Y L F M M U C Q
C I H W I E U D V R S G U J E C C L G
N X I T X L O L A Z V U H Z Y A H E S
G L S N K V S Z M T B M D Y J T V P O
S Y B G D K I F M I Z B P W Q P W O U
C A N T X G M I G P Q R J J P F L E E
Y D P N G T N L A J P V X T P H R Q I

6

SEAT
SCION
CALLAWAY
FIAT
OPEL

LOLA
GAS
MICROCAR
TATA
MITSUBISHI

Lösung

J D C A Q Z G Q E K M Q L W H H M K D
L N Q Z V Q F I Z T H Y D H U V I Z R
Q W L C X A H Q A Z X M Q Z W U C W T
I C S G A O E T D M G N B T M B R O W
M F M O M L A G C P V I P I D L O O S
L G L M O M L P M V C O C A T Y C I H
Y U O Q L U R A S N E M R M X T A C W
U C E E X E W A W D O I E B X L R S F
D G N C I A G W M A R T P X G F R I E
U L Q Y B D C O N A Y S F Z J A A H V
J N Y R G T Y A N X T U V Y A T O C L
X O M H E E T A H S W B Y G L E M I G
R G L N P J K P X N P I S E A T L G P
C T I M Z B X D I H O S S A A Y K N U
O V Y C Y A N Z P D L H X W J Y J R O
F I X T M N A D Z A Y I H Z G V H Q S
N N S Y H W J X L S M H W U M S Q W C
D Z J O V A X E H F W Y L F M M U C Q
C I H W I E U D V R S G U J E C C L G
N X I T X L O L A Z V U H Z Y A H E S
G L S N K V S Z M T B M D Y J T V P O
S Y B G D K I F M I Z B P W Q P W O U
C A N T X G M I G P Q R J J P F L E E
Y D P N G T N L A J P V X T P H R Q I

M	K	W	V	A	F	Y	G	Z	D	H	O	K	U	Y	E	Q	G	X
P	T	X	S	X	X	H	Z	A	A	A	N	O	Z	L	K	R	J	Y
J	X	S	T	N	X	O	C	C	T	E	Q	O	H	Q	D	V	T	N
S	F	S	U	V	C	O	Z	A	V	D	S	G	Z	D	S	K	Q	M
R	P	Q	D	R	U	T	B	S	G	C	E	H	C	Q	A	W	A	G
M	F	Y	C	I	Q	S	T	J	J	C	K	Y	H	N	I	C	K	C
P	N	Z	K	J	W	H	D	Q	Q	O	Y	M	N	I	U	X	I	X
H	P	R	A	E	P	M	T	R	M	D	F	T	C	H	T	D	I	A
W	M	J	I	A	R	V	X	O	E	P	E	T	N	F	D	G	B	D
K	F	E	J	L	P	P	A	O	R	Y	D	R	M	A	O	W	J	M
Y	W	E	N	P	X	Z	C	U	D	V	A	A	R	O	B	F	C	H
L	H	P	Q	I	L	T	B	U	X	B	B	S	B	F	E	A	R	C
B	W	O	S	N	N	S	W	P	V	H	I	H	T	N	S	P	R	C
I	G	C	D	A	O	L	B	Y	S	Y	A	V	F	Y	P	T	O	T
V	K	B	A	Q	H	M	E	M	U	E	Y	L	Z	D	U	Z	R	Y
I	L	D	I	R	F	H	M	F	B	A	I	Y	L	D	F	C	J	S
K	S	T	H	R	K	S	E	E	A	N	V	B	K	D	M	L	I	L
A	Z	R	A	Q	C	Z	L	B	R	M	B	Z	T	M	W	V	K	O
I	B	M	T	B	E	V	C	Y	U	D	A	T	M	P	C	J	N	L
W	G	Z	S	U	Z	C	T	M	M	X	L	J	L	S	O	I	A	H
W	V	Q	U	G	G	V	A	U	I	B	C	C	X	R	V	N	S	O
S	N	N	L	B	Q	A	X	O	D	K	N	T	T	S	C	G	P	Q
Y	Y	M	S	S	F	L	D	V	O	F	Y	W	B	I	U	G	X	P
N	H	H	V	E	S	K	K	U	G	G	E	H	A	C	C	R	I	B

LANCIA	ALPINA
VAUXHALL	SPYKER
NEVS	JEEP
DACIA	DAIHATSU
TRABANT	SUBARU

Lösung

M K W V A F Y G Z D H O K U Y E Q G X
P T X S X X H Z A A A N O Z L K R J Y
J X S T N X O C C T E Q O H Q D V T N
S F S U V C O Z A V D S G Z D S K Q M
R P Q D R U T B S G C E H C Q A W A G
M F Y C I Q S T J J C K Y H N I C K C
P N Z K J W H D Q Q O Y M N I U X I X
H P R A E P M T R M D F T C H T D I A
W M J I A R V X O E P E T N F D G B D
K F E J L P P A O R Y D R M A O W J M
Y W E N P X Z C U D V A A R O B F C H
L H P Q I L T B U X B B S B F E A R C
B W O S N N S W P V H I H T N S P R C
I G C D A O L B Y S Y A V F Y P T O T
V K B A Q H M E M U E Y L Z D U Z R Y
I L D I R F H M F B A I Y L D F C J S
K S T H R K S E E A N V B K D M L I L
A Z R A Q C Z L B R M B Z T M W V K O
I B M T B E V C Y U D A T M P C J N L
W G Z S U Z C T M M X L J L S O I A H
W V Q U G G V A U I B C C X R V N S O
S N N L B Q A X O D K N T T S C G P Q
Y Y M S S F L D V O F Y W B I U G X P
N H H V E S K K U G G E H A C C R I B

C G I V T Q P N T C O B U X T R X M Q
C K G E M E X I A T T D V J R M B Q J
O E H K C C M L B A A A J Y H Q A L U
R M K S U H V L C E G O P R N D M D B
V N U J Y G S W J H A H N B D T B Y P
E Q D A I H A T S U Z V S J L G B W M
T I B B S F S B S A Q O O Y I O Q T W
T F V P R F N U U X U C L C J V R R N
E O M C V O H F S K J W D A K G G J X
U M V U H O X F J L P S S I T B A U C
U I W Q I E L H T V R L M T G J S K G
V W X W X K P K V R U N O N B Y Z H N
E P W Z P D Y V S F I O B O D O R X P
M X V T Z O W S K W X W I P F C M I D
A G J S D F L L E F A U L T Y B X I D
J D Y X D U X Y I N R G E V S F D I R
Y N K H R W F B A Z C N E P G T O B S
H G Q D N Y J I Y Y O O H N W S B D P
A E Y R G H E C Y O R S L L O R E Z S
I K P B F E H M C O F T L Z R G N R L
T C B F N T G K I A V W S V L O W R W
L K L R N P N U Q Q G O C O R V W T H
I I C O I Z E C N A I L L I R B L Y G
U U J L R N Y K D U Y Z W C G N X D A

8

DAIHATSU

LTI

TVR

ZAGATO

OLDSMOBILE

BRILLIANCE

ROLLSROYCE

CORVETTE

PONTIAC

VOLKSWAGEN

Lösung

C G I V T Q P N T C O B U X T R X M Q
C K G E M E X I A T T D V J R M B Q J
O E H K C C M L B A A A J Y H Q A L U
R M K S U H V L C E G O P R N D M D B
V N U J Y G S W J H A H N B D T B Y P
E Q D A I H A T S U Z V S J L G B W M
T I B B S F S B S A Q O O Y I O Q T W
T F V P R F N U U X U C L C J V R R N
E O M C V O H F S K J W D A K G G J X
U M V U H O X F J L P S S I T B A U C
U I W Q I E L H T V R L M T G J S K G
V W W X K P K V R U N O N B Y Z H N
E P W Z S D Y V S F I O B O D O R X P
M X V T Z O W S K W X W I P F C M I D
A G J S D F L L E F A U L T Y B X I D
J D Y X D U X Y I N R G E V S F D I R
Y N K H R W F B A Z C N E P G T O B S
H G Q D N Y J I Y Y O O H N W S B D P
A E Y R G H E C Y O R S L L O R E Z S
I K P B F E H M C O F T L Z R G N R L
T C B F N T G K I A V W S V L O W R W
L K L R P N U Q Q G O C O R V W T H
I I C O I Z E C N A I L L I R B L Y G
U U J L R N Y K D U Y Z W C G N X D A

X	Z	Z	T	P	C	O	E	Z	R	D	Z	Z	O	Z	I	B	P	C
K	K	I	K	X	E	W	M	K	P	T	R	J	T	D	D	M	P	L
Y	I	B	Z	G	W	K	C	Z	G	P	K	Z	B	H	M	P	U	U
R	C	U	A	S	S	S	I	W	I	C	H	P	X	R	J	M	N	B
Z	A	I	S	T	B	O	S	W	R	Y	T	X	O	R	P	W	F	T
B	D	C	T	S	C	F	R	N	T	M	P	T	C	E	B	U	M	W
T	D	K	A	M	C	V	A	P	A	A	O	P	J	D	D	D	V	B
G	V	X	V	X	I	O	C	H	N	C	D	V	A	K	G	E	F	U
R	V	J	A	Q	J	F	R	J	K	P	F	H	N	B	Y	T	Q	F
K	X	A	O	A	F	S	E	C	X	N	F	N	S	O	Y	C	B	D
O	Q	P	Y	L	K	A	T	B	W	M	I	P	R	Q	M	Z	P	U
Z	L	Q	V	O	Z	O	U	T	V	I	R	C	F	G	J	R	G	X
T	N	J	O	T	F	O	M	E	Y	K	I	U	P	K	B	G	B	O
K	I	A	K	U	X	D	M	I	O	Q	L	P	K	B	L	O	X	D
U	K	D	X	S	G	I	O	I	J	K	P	R	Z	N	C	T	K	S
K	N	F	F	K	O	F	C	M	H	D	D	A	I	J	U	P	P	W
F	H	Y	A	U	X	M	M	Z	W	O	T	C	C	G	L	Q	H	K
O	M	Y	T	O	W	J	X	I	Y	U	Y	V	D	R	Q	I	U	T
L	B	G	H	C	F	F	L	P	K	Q	O	V	O	W	J	N	T	M
J	O	R	G	S	L	F	C	Y	L	S	I	S	E	N	E	G	M	Q
E	P	G	X	Q	Z	I	Y	W	K	H	F	G	V	S	T	M	M	L
U	O	Z	N	A	E	I	W	M	G	A	V	T	Z	D	J	O	Z	S
N	U	U	X	B	H	X	T	X	T	M	G	V	F	S	Z	V	M	O
U	Q	Q	P	Y	E	X	J	N	R	A	X	P	C	K	U	R	F	T

GMC BMW
CUPRA GENESIS
BUICK ZASTAVA
KIA LOTUS
TWIKE COMMUTERCARS

Lösung

X Z Z T P C O E Z R D Z Z O Z I B P C
K K I K X E W M K P T R J T D D M P L
Y I B Z G W K C Z G P K Z B H M P U U
R C U A S S I W I C H P X R J M N B
Z A I S T B O S W R Y T X O R P W F T
B D C T S C F R N T M P T C E B U M W
T D K A M C V A P A A O P J D D V B
G V X V X I O C H N C D V A K G E F U
R V J A Q J F R J K P F H N B Y T Q F
K X A O A F S E C X N F N S O Y C B D
O Q P Y L K A T B W M I P R Q M Z P U
Z L Q V O Z O U T V I R C F G J R G X
T N J O T F O M E Y K I U P K B G B O
K I A K U X D M I O Q L P K B L O X D
U K D X S G I O I J K P R Z N C T K S
K N F F K O F C M H D D A I J U P P W
F H Y A U X M M Z W O T C C G L Q H K
O M Y T O W J X I Y U Y V D R Q I U T
L B G H C F F L P K Q O V O W J N T M
J O R G S L F C Y L S I S E N E G M Q
E P G X Q Z I Y W K H F G V S T M M L
U O Z N A E I W M G A V T Z D J O Z S
N U U X B H X T X T M G V F S Z V M O
U Q Q P Y E X J N R A X P C K U R F T

B	A	Z	X	N	Z	C	B	J	D	K	X	D	H	L	P	Q	I	B
O	Y	S	L	C	O	D	D	C	T	A	U	A	Y	V	H	E	R	N
X	V	N	N	A	B	B	I	W	E	V	E	Y	B	H	J	T	P	P
L	T	W	U	F	C	F	G	X	C	W	L	W	J	P	E	O	E	D
M	X	C	A	L	J	I	N	M	E	T	D	G	O	D	F	Q	U	W
C	Z	E	M	M	F	H	D	X	V	L	G	G	P	O	V	O	G	Y
I	G	V	B	P	Y	A	X	A	R	U	U	A	S	L	P	X	E	K
H	M	O	G	N	E	L	C	R	R	M	J	I	I	C	X	C	O	X
R	H	S	Y	G	X	D	F	Q	P	H	D	G	X	C	I	R	T	F
S	A	H	E	A	K	P	P	E	U	W	B	B	T	H	P	T	W	T
F	N	I	E	Y	U	C	R	K	N	Z	Y	V	A	D	X	F	F	E
P	Z	A	S	C	F	T	N	R	B	V	I	M	R	A	W	F	I	L
C	X	Q	V	U	Q	P	S	N	T	Y	S	R	D	H	R	X	X	O
M	B	H	T	I	N	S	I	M	R	O	S	M	N	T	Y	D	W	R
T	I	S	D	O	D	Z	I	H	H	I	X	K	I	M	O	Z	F	V
L	J	P	S	J	S	I	Q	C	W	P	X	K	H	C	H	X	O	E
J	H	G	X	P	J	T	E	S	X	P	P	D	A	D	R	R	M	H
P	M	E	K	Z	E	B	Y	Z	S	J	K	L	M	T	L	B	K	C
W	J	R	X	A	B	I	J	E	P	S	L	Q	H	E	P	W	K	G
A	S	N	L	F	N	V	D	Q	R	I	X	X	B	G	U	O	U	W
A	O	P	M	G	E	X	Y	U	D	V	R	V	P	J	O	R	F	R
R	C	R	A	I	T	W	I	A	A	Y	P	T	Z	T	E	D	X	B
Y	L	G	Q	F	Q	H	C	L	Q	P	Q	N	M	A	Z	D	A	V
N	K	F	Y	C	T	C	C	C	B	P	C	X	T	N	V	P	V	D

10

GUMPERT
MAHINDRA
AUDI
RADICAL
MG

DAEWOO
MAZDA
CHEVROLET
PEUGEOT
CADILLAC

Lösung

B	A	Z	X	N	Z	C	B	J	D	K	X	D	H	L	P	Q	I	B
O	Y	S	L	C	O	D	D	C	T	A	U	A	Y	V	H	E	R	N
X	V	N	N	A	B	B	I	W	E	V	E	B	H	J	T	P	P	P
L	T	W	U	F	C	F	G	X	C	W	L	W	J	P	E	O	E	D
M	X	C	A	L	J	I	N	M	E	T	D	G	O	D	F	Q	U	W
C	Z	E	M	M	F	H	D	X	V	L	G	G	P	O	V	O	G	Y
I	G	V	B	E	P	Y	A	X	A	R	U	U	A	S	L	P	E	K
H	M	O	G	N	E	L	C	R	R	M	J	I	I	C	X	C	O	X
R	H	S	Y	G	X	D	F	Q	P	H	D	G	X	C	I	R	T	F
S	A	H	E	A	K	P	P	E	U	W	B	B	T	H	P	T	W	T
F	N	I	E	Y	U	C	R	K	N	Z	Y	V	A	D	X	F	F	E
P	Z	A	S	C	F	T	N	R	B	V	I	M	R	A	W	F	I	L
C	X	Q	V	U	Q	P	S	N	T	Y	S	R	D	H	R	X	X	O
M	B	H	T	I	N	S	I	M	R	O	S	M	N	T	Y	D	W	R
T	I	S	D	O	D	Z	H	H	I	X	K	I	M	O	Z	F	V	V
L	J	P	S	J	S	I	Q	C	W	P	X	K	H	C	H	X	O	E
J	H	G	X	P	J	T	E	S	X	P	P	D	A	D	R	R	M	H
P	M	E	K	Z	E	B	Z	Y	Z	S	J	K	L	M	T	L	B	C
W	J	R	X	A	B	I	J	E	P	S	L	Q	H	E	P	W	K	G
A	S	N	L	F	N	V	D	Q	R	I	X	X	B	G	U	O	U	W
A	O	P	M	G	E	X	Y	U	D	V	R	V	P	J	O	R	F	R
R	C	R	A	I	T	W	I	A	A	Y	P	T	Z	T	E	D	X	B
Y	L	G	Q	F	Q	H	C	L	Q	P	Q	N	M	A	Z	D	A	V
N	K	F	Y	C	T	C	C	C	B	P	C	X	T	N	V	P	V	D

Y	F	S	W	X	R	D	R	O	Y	F	X	H	Y	J	B	R	M	G
T	G	W	F	Q	K	C	L	U	Q	Z	F	W	Z	A	I	X	O	P
I	F	G	C	E	P	X	X	D	X	A	C	O	H	T	T	G	X	D
L	M	A	O	N	D	N	Q	D	D	I	Z	K	R	Y	T	L	P	P
F	B	M	G	P	O	H	N	Q	Y	C	F	N	C	D	E	M	Y	G
K	I	L	V	B	K	I	P	J	O	A	Y	H	W	R	R	P	X	J
K	B	F	Q	A	L	T	G	G	S	D	E	P	S	C	V	D	L	Q
B	Z	O	K	R	Y	P	R	V	H	V	J	Y	K	S	B	A	V	J
Y	E	X	E	J	M	E	R	O	R	O	A	T	Z	F	N	O	E	U
V	S	M	C	A	D	X	G	O	O	J	J	E	O	I	F	V	S	L
B	N	L	R	R	R	K	L	D	L	V	B	S	J	S	Y	Z	B	L
I	L	T	B	B	A	E	H	Z	O	J	R	G	I	N	E	T	T	A
V	A	G	U	R	T	O	L	S	N	D	O	E	Q	A	A	V	Z	V
M	J	L	M	Y	C	Z	C	D	N	E	R	G	K	B	T	H	B	D
A	C	A	X	S	R	N	P	A	B	Z	D	O	O	N	C	N	Y	O
K	N	U	U	K	X	Q	L	Q	R	J	H	L	L	Z	O	N	A	A
N	Q	Z	B	W	G	A	V	V	O	S	S	E	O	A	X	D	W	S
R	S	T	D	K	H	G	K	X	T	A	M	L	W	H	K	U	L	X
Z	U	S	Y	H	L	W	S	X	E	K	F	O	S	S	P	A	W	N
M	T	J	V	C	A	D	R	K	Q	E	U	A	G	U	O	X	E	H
X	Q	L	A	E	F	A	L	T	Q	M	O	M	O	A	O	N	N	V
Y	C	W	V	J	B	R	N	C	W	Y	I	E	M	Y	T	P	D	L
J	P	H	F	R	Y	V	Y	E	O	K	X	U	F	Q	S	L	J	Y
N	B	H	V	Q	K	P	C	X	M	F	D	A	L	F	N	M	Z	K

11

CHEVROLET

KARMANN

HOLDEN

BITTER

GINETTA

DACIA

DONKERVOORT

MATRA

DODGE

MERLIN

Lösung

Y F S W X R D R O Y F X H Y J B R M G
T G W F Q K C L U Q Z F W Z A I X O P
I F G C E P X X D X A C O H T T G X D
L M A O N D N Q D D I Z K R Y T L P P
F B M G P O H N Q Y C F N C D E M Y G
K I L V B K I P J O A Y H W R P X J
K B F Q A L T G G S D E P S C V D L Q
B Z O K R Y P R V H V J Y K S B A V J
Y E X E J M E R O R O A T Z F N O E U
V S M C A D X G O O J J E O I F V S L
B N L R R R K L D L V B S J S Y Z B L
I L T B B A E H Z O J R G I N E T T A
V A G U R T O L S N D O E Q A A V Z V
M J L M Y C Z C D N E R G K B T H B D
A C A X S R N P A B Z D O O N C N Y O
K N U U K X Q L Q R J H L L Z O N A A
N Q Z B W G A V V O S S E O A X D W S
R S T D K H G K X T A M L W H K U L X
Z U S Y H L W S X E K F O S S P A W N
M T J V C A D R K Q E U A G U O X E H
X Q L A E F A L T Q M O M O A O N N V
Y C W V J B R N C W Y I E M Y T P D L
J P H F R Y V V E O K X U F Q S L J Y
N B H V Q K P C X M F D A L F N M Z K

L	W	U	W	E	B	Q	D	U	Z	J	B	F	S	A	M	C	F	Y
X	S	M	A	I	G	E	Y	P	T	C	V	N	C	M	Y	L	F	N
I	Y	S	C	U	J	R	E	L	I	A	N	T	I	J	F	U	K	M
D	T	E	J	Z	X	F	J	Y	F	L	A	F	V	R	R	K	O	J
S	R	D	F	V	D	J	A	J	W	T	A	M	O	L	E	S	I	B
A	T	E	A	S	F	F	H	L	N	K	I	F	P	K	I	E	V	T
A	K	C	Z	U	Q	A	W	N	F	T	F	U	E	U	G	Y	J	Y
B	F	R	V	T	Y	D	V	S	S	A	B	M	U	J	I	H	T	B
H	U	E	S	H	X	M	N	U	D	O	R	I	B	O	L	E	I	N
H	S	M	N	A	I	R	O	R	N	Z	T	O	E	J	B	U	U	J
N	V	T	B	Q	T	K	D	I	H	O	L	T	M	W	A	X	N	L
U	T	Z	R	U	A	U	G	W	T	C	O	X	Q	E	P	E	I	R
V	F	Q	M	K	O	I	J	R	S	A	P	W	P	J	O	U	V	F
E	K	S	U	F	E	Z	Z	U	I	L	R	F	E	T	H	X	K	Z
E	S	R	M	Q	Q	Z	A	Z	D	J	F	E	M	A	V	P	M	B
A	O	Y	N	B	N	N	S	U	X	E	L	T	S	B	D	C	I	I
C	N	S	K	U	R	U	V	T	P	O	S	A	W	A	H	G	H	D
M	O	W	Z	Q	F	I	A	I	Q	Z	R	I	I	G	M	T	N	L
F	C	B	F	M	Y	E	S	P	O	H	E	N	K	W	D	U	K	O
E	V	P	I	B	C	Z	U	T	S	R	Q	F	W	J	R	Q	P	J
B	H	G	J	I	P	F	O	O	O	E	G	R	T	C	D	V	G	H
B	N	P	D	H	O	O	H	J	A	L	X	A	Z	T	F	L	C	C
V	F	U	M	S	E	H	N	Z	Y	J	P	A	V	R	O	M	Q	W
D	D	Q	O	X	H	I	J	R	Q	N	J	O	E	A	A	X	C	W

12

MITSUOKA

MASERATI

MERCEDES

RELIANT

LIGIER

BRISTOL

SAAB

DAEWOO

LEXUS

ALFAROMEO

Lösung

```
L W U W E B Q D U Z J B F S A M C F Y
X S M A I G E Y P T C V N C M Y L F N
I Y S C U J R E L I A N T I J F U K M
D T E J Z X F J Y F L A F V R R K O J
S R D F V D J A J W T A M O L E S I B
A T E A S F F H L N K I F P K I E V T
A K C Z U Q A W N F T F U E U G Y J Y
B F R V T Y D V S S A B M U J I H T B
H U E S H X M N U D O R I B O L E I N
H S M N A I R O R N Z T O E J B U U J
N V T B Q T K D I H O L T M W A X N L
U T Z R U A U G W T C O X Q E P E I R
V F Q M K O I J R S A P W P J O U V F
E K S U F E Z Z U I L R F E T H X K Z
E S R M Q Q Z A Z D J F E M A V P M B
A O Y N B N N S U X E L T S B D C I I
C N S K U R U V T P O S A W A H G H D
M O W Z Q F I A I Q Z R I I G M T N L
F C B F M Y E S P O H E N K W D U K O
E V P I B C Z U T S R Q F W J R Q P J
B H G J I P F O O O E G R T C D V G H
B N P D H O O H J A L X A Z T F L C C
V F U M S E H N Z Y J P A V R O M Q W
D D Q O X H I J R Q N J O E A A X C W
```

```
H K M Y N C O Y S E D E C R E M M Y S
E I E T T M O X A P J B F T L W W R R
Z J H M Y D L J O P H P W L B K O I Q
M P R R A D J F S C I J T A D H H E
E J E G D Q Q D D G B C M M V Q A Q O
L L T G J O M Q O F J Q T F K B G W M
K Q A L Q X Y Z H T J C G K E N R W K
Y T C N C Y E M K F C D N Z T V G I O
P C G J C I J I N L Z W O Y K Z V E D
Q Z G F N I D P A S A F A V G R D P S
B N S B G V A J R C T J C P E O U A D
P X A X D O G N I Z K I U D C X V D U
P V X B R N U I O M K E J E Y I U A V
X L B U X Q A T F E C A P R O M M L L
R O Z Q D V P I T Z T E Z C R U P J N
I T M M W P Y N K P R H T E S P N S H
M M P T L M S I C D G B Q V L O R R I
N H Z W O T J F W Q M X H G L R I Q W
E K R L Y I E N T R B N T V O M T M Y
O G U P M D N I F S F N F V R F U T B
R B U G A T T I K F D G C B R G T W Z
T H H V D E D D M U O V E F Z P Q W M
I C S K O D A A I X L M Z V C X G O A
C B Q H X J U P W Q X H T F W B G S N
```

13

MERCEDES	CITROEN
CATERHEM	INFINITI
LANCIA	IRANKHODRO
BUGATTI	LADA
SKODA	ROLLSROYCE

Lösung

```
H K M Y N C O Y S E D E C R E M M Y S
E I E T T M O X A P J B F T L W W R R
Z J H M Y D L J O P H P W L B K O I Q
M P R R A D J F R S C I J T A D H H E
E J E G D Q Q D G B C M M V Q A Q O
L L T G J O M Q O F J Q T F K B G W M
K Q A L Q X Y Z H T J C G K E N W W K
Y T C N C Y E M K F C D N Z T V G I O
P C G J C I J I N L Z W O Y K Z V E D
Q Z G F N I D P A S A F A V G R D P S
B N S B G V A J R C T J C P E O U A D
P X A X D O G N I Z K I U D C X V A U
P V X B R N U I O M K E J E Y I U A L
X L B U X Q A T F E C A P R O M M L L
R O Z Q D V P I T Z T E Z C R U P J N
I T M M W P Y N K P R H T E S P N S H
M M P T L M S I C D G B Q V L O R R I
N H Z W O T J F W Q M X H G L R I Q W
E K R L Y I E N T R B N T V O M T M Y
O G U P M D N I F S F N F V R F U T B
R B U G A T T I K F D G C B R G T W Z
T H H V D E D D M U O V E F Z P Q W M
I C S K O D A A I X L M Z V C X G O A
C B Q H X J U P W Q X H T F W B G S N
```

F	Y	R	E	L	S	Y	R	H	C	I	U	I	H	D	M	P	P	M
I	N	I	H	G	R	O	B	M	A	L	Q	U	B	I	B	R	K	E
W	J	E	Q	B	L	I	Y	V	F	X	B	A	J	E	I	J	G	K
K	T	E	M	N	B	C	S	M	N	G	M	M	N	R	U	E	I	L
B	V	R	X	W	O	O	H	O	Y	J	W	T	S	A	L	A	T	O
M	F	W	A	V	U	E	D	J	W	V	L	J	V	S	S	H	B	A
S	E	R	Y	M	A	Y	A	Z	U	E	M	K	Q	T	H	D	L	V
E	G	I	S	O	S	Q	Q	J	Y	Q	I	T	B	O	L	Y	W	S
D	W	P	A	I	I	D	U	A	L	Z	T	W	J	N	B	D	Q	U
G	I	G	F	W	Z	X	M	K	T	K	S	P	T	M	C	T	G	J
K	O	D	E	O	H	P	Z	R	V	Y	U	R	U	A	I	K	X	E
N	U	O	T	C	L	B	B	I	M	F	B	S	R	R	T	H	X	W
A	U	C	M	M	I	X	Z	J	Q	A	I	C	Y	T	Y	D	T	F
H	U	P	E	G	S	D	K	V	P	W	S	D	J	I	E	R	P	F
B	N	R	L	W	W	Q	E	G	M	H	H	B	M	N	L	U	U	A
J	O	Z	W	S	C	J	E	F	N	Y	I	I	S	Y	Z	F	W	V
A	Q	Z	T	L	A	G	S	B	K	Q	U	W	X	M	P	E	K	A
J	M	C	A	I	D	W	C	R	H	Z	P	V	A	T	Z	U	L	Y
L	X	S	C	A	T	B	O	V	Y	C	R	K	B	D	K	L	B	G
R	W	D	N	L	S	X	Z	A	Q	V	G	Z	H	I	L	G	S	G
D	D	M	A	W	E	K	C	Y	O	L	U	A	K	G	Y	G	L	T
Y	Q	G	O	U	K	Z	E	O	W	X	Q	V	H	Z	P	B	Y	N
F	P	I	H	F	I	S	K	E	R	G	J	U	K	A	I	V	Q	W
W	T	L	A	V	A	C	A	L	P	A	I	Q	S	B	H	E	U	I

14

SMART
MITSUBISHI
CITYEL
KIA
LAMBORGHINI

FISKER
BENTLEY
CHRYSLER
ASTONMARTIN
AUDI

Lösung

```
F Y R E L S Y R H C I U I H D M P P M
I N I H G R O B M A L Q U B I B R K E
W J E Q B L I Y V F X B A J E I J G K
K T E M N B C S M N G M M N R U E I L
B V R X W O O H O Y J W T S A L A T O
M F W A V U E D J W V L J V S S H B A
S E R Y M A Y A Z U E M K Q T H D L V
E G I S O S Q Q J Y Q I T B O L Y W S
D W P A I I D U A L Z T W J N B D Q A
G I G F W Z X M K T K S P T M C T G J
K O D E O H P Z R V Y U R U A I K X E
N U O T C L B B I M F B S R R T H X W
A U C M M I X Z J Q A I C Y T Y D T F
H U P E G S D K V P W S D J I E R P F
B N R L W W Q E G M H H B M N L U U A
J O Z W S C J E F N Y I I S Y Z F W A
A Q Z T L A G S B K Q U W X M P E K A
J M C A I D W C R H Z P V A T Z U L Y
L X S C A T B O V Y C R K B D K L B G
R W D N L S X Z A Q V G Z H I L G S G
D D M A W E K C Y O L U A K G Y G L T
Y Q G O U K Z E O W X Q V H Z P B Y N
F P I H F I S K E R G J U K A I V Q W
W T L A V A C A L P A I Q S B H E U I
```

```
W S S Y Y I N C C H Y V V C U D Z B N
D A P H K B M P D P D M H G D K S B J
Z S O Z K E V P C Q R R L K O Y R L Y
P X S A H N I H G U Y A V T B E A F W
M H S H F Z S T N S E A A F J S Y M P
N E P R H A D A L C D T K I I W R J N
T I R H O L G E V S V T C L B R X U S
M V S C V T R B V G Q L Y S U L V H D
S G C S E X O W X Z D Y T A N V D U E
S Z U J A D C M M J O G Q U Y R Z T I
D U O Z Q N E B D G V P E Y O H I I B
Z B H O N I I S Z I A V D N I Y M H G
I T P A C E U N B H C Z Y S E B D F K
L W T T G C M J N E Q U I H S S O Q E
S S X O C H P C X D N H L L R R I H E
N J B Y S J L L R T G Z H U C L C S H
A Z B O E P A M P J S P H N H S S F R
Z Z E T I R M B B J L Q F N R X D P G
X O Q F Q F A T Z H C H E O D X B S S
S E M F J H C B E R K D P A R S Q C Q
V Q O S A I I Y I R A U G A J F N Z
F D D P C S R Y S G A J B C J Z F W Z
D I S L C Z T Y P K T E L M C G T Q O
Z P G M A N I W Z W K I U N H B M W X
```

15

BMW

SAS

PORSCHE

MERCEDESBENZ

TOYOTA

CHRYSLER

GENESIS

JAGUAR

LUCIDMOTORS

NISSAN

Lösung

W S S Y Y I N C C H Y V V C U D Z B N
D A P H K B M P D P D M H G D K S B J
Z S O Z K E V P C Q R R L K O Y R L Y
P X S A H N I H G U Y A V T B E A F W
M H S H F Z S T N S E A A F J S Y M P
N E P R H A D A L C D T K I I W R J N
T I R H O L G E V S V T C L B R X U S
M V S C V T R B V G Q L Y S U L V H D
S G C S E X O W X Z D Y T A N V D U E
S Z U J A D C M M J O G Q U Y R Z T I
D U O Z Q N E B D G V P E Y O H I I B
Z B H O N I I S Z I A V D N I Y M H G
I T P A C E U N B H C Z Y S E B D F K
L W T T G C M J N E Q U I H S S O Q E
S S X O C H P C X D N H L L R R I H E
N J B Y S J L L R T G Z H U C L C S H
A Z B O E P A M P J S H N H S S F R
Z Z E T I R M B B J L Q F N R X D P G
X O Q F Q F A T Z H C H E O D X B S S
S E M F J H C B E R K D P A R S Q C Q
V Q O S A S I I Y I R A U G A J F N Z
F D D P C S R Y S G A J B C J Z F W Z
D I S L C Z T Y P K T E L M C G T Q O
Z P G M A N I W Z W K I U N H B M W X

X D X A U H H U M M E R O F L I X O H
V W S L X B C R O I N M T E M Y L Z Y
G T O Y B I Q S E P L U A Z B J X Z T
W S L Z U T Q A T V B I I U W G J U F
S T R C V Y Q F I I O R F I E X A D I
G V P W U J E P W J W R A A U I G J Y
C K X U I A Z N A U H K D B A F J G N
Z B K A S Y F T D V U B S N U G T B M
O I H I A I K C F V O N F O A S M P J
D Q Q O B W C C H G I D Q D M L V T M
J F H U I B A B B I J N W B E P Y C X
P Y X K J S V L H V A U G I S B F V C
X Q N D V O V B L D W D G L K Q S M J
K C U F R M D R U B R J P M C S F H S
T R Q J S L E O T L A G Q A A V Q K S
I Z M R R J B S Y C E R Z X K O U D L
T Z I M I A R I E L V M N I T L T R M
C D S T J O B U B V I S X A P V N Q H
N P A Z X D M K C I R D P Z S O Z L N
Y W S J C A P Q Y S A B U E G W O G E
Y J X F V C B J H W R L K Y M T N I C
K B G G G H S C V W R M C L A R E N H
D W K V Q Q U J L B E H J W J I V Z F
O L Z U W R Z M W K F X R G J S O Z Z

<table>
<tr><td>**16**</td><td>BRABUS
MOSKWITSCH
HUMMER
ARIEL
FERRARI</td><td>MCLAREN
FIAT
AIXAM
VOLVO
LANDROVER</td></tr>
</table>

Lösung

```
X D X A U H H U M M E R O F L I X O H
V W S L X B C R O I N M T E M Y L Z Y
G T O Y B I Q S E P L U A Z B J X Z T
W S L Z U T Q A T V B I I U W G Z U F
S T R C V Y Q F I I O R F I E X A D I
G V P W U L J E P W R A A U I G J Y
C K X U I A Z N A U H K D B A F J G N
Z B K A S Y F T D V U B S N U G T B M
O I H I A I K C F V O N F O A S M P J
D Q Q O B W C C H G I D Q D M L V T M
J F H U I B A B B I J N W B E P Y C X
P Y X K J S V L H V A U G I S B F V C
X Q N D O V B L D W D G L K Q S M J
K C U F R M D R U B R J P M C S F H S
T R Q J S L E O T L A G Q A A V Q K S
I Z M R R J B S Y C E R Z X K O U D L
T Z I M I A R I E L V M N I T L T R M
C D S T J O B U B V I S X A P V N Q H
N P A Z X D M K C I R D P Z S O Z L N
Y W S J C A P Q Y S A B U E G W O G E
Y J X F V C B J D H W R L K Y M T N I C
K B G G G H S C V W R M C L A R E N H
D W K V Q Q U J L B E H J W J I V Z F
O L Z U W R Z M W K F X R G J S O Z Z
```

P	F	D	P	C	E	G	V	N	R	Z	F	A	X	A	V	I	C	I
B	P	U	R	W	A	E	F	D	O	R	T	X	Q	S	R	M	M	G
V	C	I	A	D	N	Y	C	O	P	B	U	O	L	N	S	T	O	Y
M	F	H	Z	P	A	F	A	H	S	L	T	C	Y	H	Q	W	A	T
T	C	H	Z	L	O	T	Q	S	F	G	J	S	Y	O	H	Z	Z	T
H	L	Z	C	D	A	J	Y	V	X	C	Y	D	L	F	T	G	I	D
U	P	K	W	U	Y	C	N	L	S	E	O	R	E	U	R	A	M	K
F	I	U	T	T	P	A	J	N	X	P	D	A	N	S	G	D	I	Q
S	Z	G	I	P	J	B	K	Z	Z	L	M	I	T	S	M	S	W	M
B	Q	X	H	X	X	R	U	H	M	C	E	A	Q	I	S	U	Z	U
H	M	P	Z	L	L	N	S	L	M	Q	M	U	O	O	H	Z	Y	Q
B	I	R	Q	X	D	N	T	M	Z	H	K	Y	S	Y	A	T	M	P
R	O	B	V	O	P	A	Z	F	K	E	S	H	O	T	P	F	V	W
X	K	B	K	V	Y	C	T	Q	Z	J	I	V	U	P	T	M	S	H
W	P	M	V	L	G	X	S	G	E	W	P	W	H	E	U	H	U	C
H	H	Y	T	F	S	W	I	H	L	G	D	K	S	N	D	M	V	A
G	C	A	R	E	D	S	I	P	P	B	F	A	Q	X	M	Y	D	D
G	L	A	Z	Y	I	T	A	R	E	S	A	M	D	E	W	I	O	I
I	A	N	B	E	B	D	O	H	D	Z	N	N	R	T	G	K	L	L
V	N	K	X	Y	I	F	S	T	D	G	W	P	D	U	A	Z	V	L
P	Y	N	U	Y	A	M	D	V	G	N	I	J	N	A	N	O	Q	A
T	W	P	Y	Z	E	M	W	C	I	B	M	M	Y	Y	S	L	I	C
D	W	G	I	Z	N	M	Q	F	Q	C	V	T	V	I	C	N	A	N
R	G	W	Q	Y	S	R	G	U	A	Q	B	U	I	D	Y	W	V	A

17

TOYOTA

ISDERA

NANJING

TATRA

ISUZU

ZAP

MASERATI

MAYBACH

HUMMER

CADILLAC

Lösung

```
P  F  D  P  C  E  G  V  N  R  Z  F  A  X  A  V  I  C  I
B  P  U  R  W  A  E  F  D  O  R  T  X  Q  S  R  M  M  G
V  C  I  A  D  N  Y  C  O  P  B  U  O  L  N  S  T  O  Y
M  F  H  Z  P  A  F  A  H  S  L  T  C  Y  H  Q  W  A  T
T  C  H  Z  L  O  T  Q  S  F  G  J  S  Y  O  H  Z  Z  T
H  L  Z  C  D  A  J  Y  V  X  C  Y  D  L  F  T  G  I  D
U  P  K  W  U  Y  C  N  L  S  E  O  R  E  U  R  A  M  K
F  I  U  T  T  P  A  J  N  X  P  D  A  N  S  G  D  I  Q
S  Z  G  I  P  J  B  K  Z  Z  L  M  I  T  S  M  S  W  M
B  Q  X  H  X  X  R  U  H  M  C  E  A  Q  I  S  U  Z  U
H  M  P  Z  L  L  N  S  L  M  Q  M  U  O  O  H  Z  Y  Q
B  I  R  Q  X  D  N  T  M  Z  H  K  Y  S  Y  A  T  M  P
R  O  B  V  O  P  A  Z  F  K  E  S  H  O  T  P  F  V  W
X  K  B  K  V  Y  C  T  Q  Z  J  I  V  U  P  T  M  S  H
W  P  M  V  L  G  X  S  G  E  W  P  W  H  E  U  H  U  C
H  H  Y  T  F  S  W  I  H  L  G  D  K  S  N  D  M  V  A
G  C  A  R  E  D  S  I  P  P  B  F  A  Q  X  M  Y  D  D
G  L  A  Z  Y  I  T  A  R  E  S  A  M  D  E  W  I  O  I
I  A  N  B  E  B  D  O  H  D  Z  N  N  R  T  G  K  L  L
V  N  K  X  Y  I  F  S  T  D  G  W  P  D  U  A  Z  V  L
P  Y  N  U  Y  A  M  D  V  G  N  I  J  N  A  N  O  Q  A
T  W  P  Y  Z  E  M  W  C  I  B  M  M  Y  Y  S  L  I  C
D  W  G  I  Z  N  M  Q  F  Q  C  V  T  V  I  C  N  A  N
R  G  W  Q  Y  S  R  G  U  A  Q  B  U  I  D  Y  W  V  A
```

T	L	P	B	B	B	J	Z	R	A	X	D	E	L	C	G	F	R	P
U	R	P	W	F	X	O	O	L	R	C	T	X	N	W	A	X	A	V
K	G	K	A	N	I	M	H	X	T	O	A	Z	I	A	D	I	T	W
G	S	H	D	K	B	X	F	N	E	W	G	T	U	E	O	K	S	I
S	J	Z	N	V	L	R	Z	M	H	N	A	J	F	H	V	Y	E	J
U	W	Q	F	Y	E	P	O	R	B	D	N	Z	X	H	R	L	L	Y
X	S	E	B	B	Q	R	X	A	D	I	J	B	N	H	M	L	O	Q
E	I	W	U	Y	A	S	Q	J	S	X	R	H	A	W	Z	Y	P	U
L	L	U	I	F	P	J	W	E	D	Z	T	D	O	V	W	E	S	U
R	W	Z	L	U	Q	X	U	G	N	W	V	R	I	Q	U	M	I	J
A	Y	A	M	N	S	V	G	S	Z	F	X	O	S	F	R	R	B	D
E	L	O	X	Z	E	Q	E	P	Z	D	J	F	T	Z	G	E	I	E
Y	Z	R	I	H	R	F	P	R	F	W	C	V	V	Y	U	A	E	N
Y	O	Z	F	B	Y	H	C	G	K	B	X	Z	X	O	M	S	Z	T
B	E	V	U	F	N	U	L	B	E	Z	A	Y	X	K	I	R	M	T
M	C	V	V	G	V	A	N	Z	A	I	R	K	A	T	O	T	A	S
M	A	Y	T	G	E	Q	D	D	E	F	N	K	J	I	L	L	B	U
P	Z	I	F	F	U	G	U	I	A	O	D	A	X	L	T	J	S	Q
P	J	J	Q	T	Z	C	B	Q	O	I	U	S	G	G	B	N	J	A
I	D	I	C	F	M	Y	Z	G	I	Z	I	B	K	A	S	A	U	D
I	U	Q	Q	Y	L	Z	J	G	G	E	S	A	A	B	P	T	K	O
E	I	K	U	Z	U	S	F	J	M	H	M	X	P	S	Z	J	K	O
B	X	V	Z	K	A	O	F	Q	D	U	G	G	Q	R	R	V	I	Z
X	U	F	Y	J	A	G	U	A	R	N	P	T	H	P	U	K	H	E

18

FORD	ALFAROMEO
HYUNDAI	POLESTAR
LEXUS	SAAB
JAGUAR	SUZUKI
VW	PAGANI

Lösung

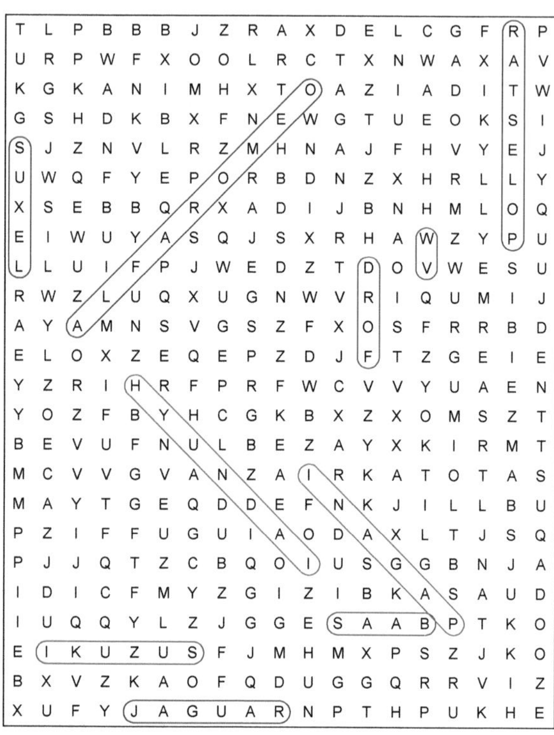

DAS

LUSTIGE
SCHIMPFWORTE

WORTSUCHRÄTSEL BUCH

J	K	V	V	L	S	Y	K	D	I	E	Z	I	A	T	C	R	B	J
T	K	E	J	F	V	H	S	R	F	R	T	H	F	A	F	E	E	U
G	I	D	P	K	Z	A	Y	N	S	T	A	B	H	I	I	S	H	R
Y	E	X	X	D	R	M	Y	G	R	N	C	F	D	C	K	S	S	V
D	E	V	W	A	W	A	Q	W	P	A	K	J	G	I	Y	E	Y	S
O	Z	R	E	N	G	T	P	I	K	R	N	K	R	P	M	I	D	B
L	Y	U	R	C	J	E	G	O	O	U	Z	R	W	G	S	G	D	P
K	Q	A	N	M	Q	U	A	U	M	G	O	T	L	K	P	N	E	J
V	D	J	X	X	J	R	N	B	A	I	K	Y	H	R	E	E	R	F
Y	E	Y	I	F	E	A	A	Z	E	F	J	N	Y	M	C	S	F	Y
C	A	H	E	L	I	L	X	Z	C	N	I	K	X	B	K	O	R	S
Z	R	L	K	E	K	K	X	V	P	T	D	F	P	U	G	R	E	T
H	Y	D	C	H	W	I	J	M	X	K	V	V	U	N	O	E	G	O
A	Z	P	O	L	R	N	B	Y	Q	T	R	E	O	H	N	E	N	R
O	D	V	L	I	L	F	H	D	J	P	H	Z	V	G	D	S	I	C
J	A	O	G	A	K	D	E	S	C	A	W	B	U	Q	E	V	F	H
S	U	X	L	P	Q	F	D	P	S	B	C	G	S	L	L	L	X	M
U	J	R	A	E	B	T	K	Q	J	B	V	X	R	A	E	L	Q	O
W	L	R	N	B	T	W	L	U	V	X	I	C	S	K	M	E	L	E
A	O	Z	A	R	E	H	C	S	T	U	L	N	E	D	N	I	B	R
W	S	A	K	S	X	L	C	B	L	R	W	O	Y	P	Z	B	H	D
X	Y	H	S	C	H	N	A	R	C	H	R	A	T	T	E	P	R	E
F	V	I	W	A	W	E	E	N	A	I	Y	G	R	O	M	E	A	R
S	W	C	J	X	C	F	F	T	A	O	X	B	U	T	C	Y	J	F

1

SCHNARCHRATTE

FINGERFREDDY

ABENDVOGEL

FIGURANT

SPECKGONDEL

AMATEURALKI

BINDENLUTSCHER

SEEROSENGIESSER

ANALGLOCKE

STORCHMOERDER

Lösung

```
J  K  V  V  L  S  Y  K  D  I  E  Z  I  A  T  C  R  B  J
T  K  E  J  F  V  H  S  R  F  R  T  H  F  A  F  E  E  U
G  I  D  P  K  Z  A  Y  N  S  T  A  B  H  I  I  S  H  R
Y  E  X  X  D  R  M  Y  G  R  N  C  F  D  C  K  S  S  V
D  E  V  A  W  A  A  Q  W  P  A  K  J  G  I  Y  E  S  B
O  Z  R  E  N  G  T  P  I  K  R  N  K  R  P  M  I  D  B
L  Y  U  R  C  J  E  G  O  O  U  Z  R  W  G  S  G  N  P
K  Q  A  N  M  Q  U  A  U  M  G  O  T  L  K  P  N  E  J
V  D  J  X  X  J  R  N  B  A  I  K  Y  H  R  E  E  R  F
Y  E  Y  I  F  E  A  A  Z  E  F  J  N  Y  M  C  S  F  Y
C  A  H  E  L  I  L  X  Z  C  N  I  K  X  B  K  O  R  S
Z  R  L  K  E  K  K  X  V  P  T  D  F  P  U  G  R  E  T
H  Y  D  C  H  W  I  J  M  X  K  V  V  U  N  O  E  G  O
A  Z  P  O  L  R  N  B  Y  Q  T  R  E  O  H  N  E  N  R
O  D  V  L  I  L  F  H  D  J  P  H  Z  V  G  D  S  I  C
J  A  O  G  A  K  D  E  S  C  A  W  B  U  Q  E  V  F  H
S  U  X  L  P  Q  F  D  P  S  B  C  G  S  L  L  L  X  M
U  J  R  A  E  B  T  K  Q  J  B  V  X  R  A  E  L  Q  O
W  L  R  N  B  T  W  L  U  V  X  I  C  S  K  M  E  L  E
A  O  Z  A  R  E  H  C  S  T  U  L  N  E  D  N  I  B  R
W  S  A  K  S  X  L  C  B  L  R  W  O  Y  P  Z  B  H  D
X  Y  H  S  C  H  N  A  R  C  H  R  A  T  T  E  P  R  E
F  V  I  W  A  W  E  E  N  A  I  Y  G  R  O  M  E  A  R
S  W  C  J  X  C  F  F  T  A  O  X  B  U  T  C  Y  J  F
```

F	O	S	B	I	E	H	Q	M	B	N	M	P	I	V	N	K	L	M
O	J	Y	U	M	P	W	B	Q	L	C	A	Y	B	B	O	H	T	L
U	T	L	U	S	S	Y	I	V	W	Z	D	D	Q	F	E	B	Q	Z
P	K	M	H	I	Y	J	Q	N	A	C	M	C	K	O	C	H	V	V
E	B	B	M	T	K	H	A	B	L	B	A	P	R	I	N	Z	A	A
S	Q	R	G	H	C	J	A	S	M	X	C	Z	A	U	H	I	I	L
M	U	E	Z	C	Q	V	E	Y	V	F	B	B	L	R	A	T	W	I
E	U	S	C	S	V	E	L	P	R	C	A	V	V	L	K	U	C	U
R	S	S	N	U	L	T	Y	V	E	J	C	A	X	L	A	C	J	M
B	U	I	R	T	R	P	O	A	B	N	T	D	F	A	M	F	O	B
S	K	E	A	V	U	P	J	I	Z	T	R	E	U	E	H	C	S	B
N	R	H	T	E	T	T	E	S	O	R	S	T	H	C	I	S	E	G
O	I	C	A	P	K	L	E	I	N	G	E	L	D	N	U	T	T	E
I	S	S	R	A	M	O	L	O	N	S	Q	R	E	Q	I	L	A	Z
T	I	T	C	H	R	O	M	O	S	O	M	R	A	E	T	S	E	L
U	S	H	A	D	N	J	D	T	V	M	C	M	O	R	E	D	Q	B
L	C	C	E	B	E	W	M	H	F	A	A	E	O	G	N	Z	E	H
O	P	A	S	M	J	A	V	N	O	T	Y	V	M	Q	I	Y	B	P
V	K	H	P	F	U	Y	M	B	E	L	N	P	Y	B	D	Q	N	U
E	H	C	P	D	S	Q	M	U	E	W	F	O	H	Z	N	A	G
N	O	S	Y	A	V	T	S	Z	F	W	B	S	U	S	O	L	J	F
Y	W	Z	T	H	R	E	S	Y	A	T	M	D	U	Z	L	A	Q	Z
K	U	G	W	H	P	T	G	C	K	Q	R	S	L	A	B	Q	X	U
J	L	O	B	Z	L	I	K	F	W	A	L	O	G	L	A	W	B	E

2

AMATEUSE	GESICHTSROSETTE
DR BSCHEUERT	KLEINGELDNUTTE
SCHACHTSCHEISSER	EVOLUTIONSBREMSE
FLOHDOMPTEUR	PRINZ VALIUM
CHROMOSOMRAETSEL	HOBBY BLONDINE

Lösung

F	O	S	B	I	E	H	Q	M	B	N	M	P	I	V	N	K	L	M
O	J	Y	U	M	P	W	B	Q	L	C	A	Y	B	B	O	H	T	L
U	T	L	U	S	S	Y	I	V	W	Z	D	D	Q	F	E	B	Q	Z
P	K	M	H	I	Y	J	Q	N	A	C	M	C	K	O	C	H	V	V
E	B	B	M	T	K	H	A	B	L	B	A	P	R	I	N	Z	A	A
S	Q	R	G	H	C	J	A	S	M	X	C	Z	A	U	H	I	I	L
M	U	E	Z	C	Q	V	E	Y	V	F	B	B	L	R	A	T	W	I
E	U	S	C	S	V	E	L	P	R	C	A	V	V	L	K	U	C	U
R	S	S	N	U	L	T	Y	V	E	J	C	A	X	L	A	C	J	M
B	U	I	R	T	R	P	O	A	B	N	T	D	F	A	M	F	O	B
S	K	E	A	V	U	P	J	I	Z	T	R	E	U	E	H	C	S	B
N	R	H	T	E	T	T	E	S	O	R	S	T	H	C	I	S	E	G
O	I	C	A	P	K	L	E	I	N	G	E	L	D	N	U	T	T	E
I	S	S	R	A	M	O	L	O	N	S	Q	R	E	Q	I	L	A	Z
T	I	T	C	H	R	O	M	O	S	O	M	R	A	E	T	S	E	L
U	S	H	A	D	N	J	D	T	V	M	C	M	O	R	E	D	Q	B
L	C	C	E	B	E	W	M	H	F	A	A	E	O	G	N	Z	E	H
O	P	A	S	M	J	A	V	N	O	T	Y	V	M	Q	I	Y	B	P
V	K	H	P	F	U	Y	M	B	E	L	N	P	Y	B	D	Q	N	U
E	H	C	P	D	S	Q	M	U	E	W	F	O	H	Z	N	A	N	G
N	O	S	Y	A	V	T	S	Z	F	W	B	S	U	S	O	L	J	F
Y	W	Z	T	H	R	E	S	Y	A	T	M	D	U	Z	L	A	Q	Z
K	U	G	W	H	P	T	G	C	K	Q	R	S	L	A	B	Q	X	U
J	L	O	B	Z	L	I	K	F	W	A	L	O	G	L	A	W	B	E

A F I R Y E P P X G H D C E M H P R E
R E K N I L B S U A H K R A P R S E S
E K P M O R J X M B E C W B Q Q R B V
A X V G E K L B Y Z V U T U C W G E L
O I A N O R A B L E S H C A A S J A Z
R B N Z W J F H Z J M L Q F L Z P R J
I U P J N S M O M B I E H U E P L G P
N J U F T I U V D F V R U H B Y D N X
R E T S R E O F R A A H M A H C S E R
Z S P Z V A O P K B R A P C V P A H N
M Q A Q N A T M D S S D A O F M V C L
Q J P M D M V Z U G F O W U C U P I A
W I Y G A F F T E U L Q U O S P S E D
Y S Y A T N P C S N K X P C U H P L I
J A R A X R E M Q I G A Y Z Q S P C N
Y S R C Z I O W U F L U V B Z A L H U
E M A U I H O A B L T Y L R U M R M M
H L D F X O J R L N H S T A E G F O O
P P R C X N K I S I R C P S S D C D Q
M J W O G A H O A C N S Y K C N D I
N C N X T N T T A N P A G M P C H A F
H U M N Y H N B C G D T G J O X A A W
W U N L K X N Y F E C L V X Z T H S L
Y Q K S D I K T L I N V E C U O A T E

3

PARKHAUSBLINKER   WANDERVAKUUM

LEICHENGRAEBER   ATOMSCHLUMPF

ACHSELBARON   SCHAMHAARFOERSTER

SMOMBIE   NANOHIRN

FRATZENGULASCH   SACKSTYLIST

Lösung

A	F	I	R	Y	E	P	P	X	G	H	D	C	E	M	H	P	R	E
R	E	K	N	I	L	B	S	U	A	H	K	R	A	P	R	S	E	S
E	K	P	M	O	R	J	X	M	B	E	C	W	B	Q	Q	R	B	V
A	X	V	G	E	K	L	B	Y	Z	V	U	T	U	C	W	G	E	L
O	I	A	N	O	R	A	B	L	E	S	H	C	A	A	S	J	A	Z
R	B	N	Z	W	J	F	H	Z	J	M	L	Q	F	L	Z	P	R	J
I	U	P	J	N	S	M	O	M	B	I	E	H	U	E	P	L	G	P
N	J	U	F	T	I	U	V	D	F	V	R	U	H	B	Y	D	N	X
R	E	T	S	R	E	O	F	R	A	A	H	M	A	H	C	S	E	R
Z	S	P	Z	V	A	O	P	K	B	R	A	P	C	V	P	A	H	N
M	Q	A	Q	N	A	T	M	D	S	S	D	A	O	F	M	V	C	L
Q	J	P	M	D	M	V	Z	U	G	F	O	W	U	C	U	P	I	A
W	I	Y	G	A	F	F	T	E	U	L	Q	U	O	S	P	S	E	D
Y	S	Y	A	T	N	P	C	S	N	K	X	P	C	U	H	P	L	I
J	A	R	A	X	R	E	M	Q	I	G	A	Y	Z	Q	S	P	C	N
Y	S	R	C	Z	I	O	W	U	F	L	U	V	B	Z	A	L	H	U
E	M	A	U	I	H	O	A	B	L	T	Y	L	R	U	M	R	M	M
H	L	D	F	X	O	J	R	L	N	H	S	T	A	E	G	F	O	O
P	P	R	C	X	N	K	I	S	I	R	C	P	S	S	D	C	D	Q
M	J	W	O	G	A	G	H	O	A	C	N	S	Y	K	C	N	D	I
N	C	N	X	T	N	T	T	A	N	P	A	G	M	P	C	H	A	F
H	U	M	N	Y	H	N	B	C	G	D	T	G	J	O	X	A	A	W
W	U	N	L	K	X	N	Y	F	E	C	L	V	X	Z	T	H	S	L
Y	Q	K	S	D	I	K	T	L	I	N	V	E	C	U	O	A	T	E

```
V N J F C K W T Q F R D H Q E T G O B
S O O X R R E M R S F F X B F H K T G
C N L L E H E Y Z U P T L X G Z W B G
H C X D K L T K W S B E S D H Z M S X
L H B U C V U J I E N E C W G H U J M
E T C G E V Z E W G D D G K N B R D G
U U O O U M X F A F R X Q M T N D O Z
S D H T B F G L G V K E F K R I N O F
E P J X N Z Y Z G T V N L D B A T L M
N T L H E W F N P T N A X L G J D T C
F J L B F H Q I E F Q J F L A T C G E
R E A K I T M R V R V G V B M I L S M
O V F R E X O P F K Y A O H U S R G M
S J E R S H I L V O V V D W I A N K E
C P G N N F P E H W O O G V J R J H M
H W E I J P W K E I W Z N R Y A C Q S
D U L B C Y Z C X Y X N K R R P E V E
G X F X E Q D U A C D O A A D T G A P
L O P V E P U B G W I O Y H P U O V N
H E I B R A B N N A M R E L L A B F J
I S Q E G E N E R A L H U R E H P H W
U H S U O E B Q K S N N W V W R F N D
G X C K C C R S V E E J L K J O I F I
L I N T E L L I G E N Z F A F V P G F
```

4

DARMGEBURT
SCHLEUSENFROSCH
PFLEGEFALL
SEIFENBUECKER
BALLERMANNBARBIE

SPECKTITTE
GENERALHURE
BUCKELPRINZ
INTELLIGENZ ALLERGIKER
VORHAUTPARASIT

Lösung

```
V N J F C K W T Q F R D H Q E T G O B
S O O X R R E M R S F F X B F H K T G
C N L L E H E Y Z U P T L X G Z W B G
H C X D K L T K W S B E S D H Z M S X
L H B U C V U J I E N E C W G H U J M
E T C G E V Z E W G D D G K N B R D G
U U O O U M X F A F R X Q M T N D O Z
S D H T B F G L G V K E F K R I N O F
E P J X N Z Y Z G T V N L D B A T L M
N T L H E W F N P T N A X L G J D T C
F J L B F H Q I E F Q J F L A T C G E
R E A K I T M R V R V G V B M I L S M
O V F R E X O P F K Y A O H U S R G M
S J E R S H I L V O V V D W I A N K E
C P G N N F P E H W O O G V J R J H M
H W E I J P W K E I W Z N R Y A C Q S
D U L B C Y Z C X Y X N K R R P E V E
G X F X E Q D U A C D O A A D T G A P
L O P V E P U B G W I O Y H P U O V N
H E I B R A B N N A M R E L L A B F J
I S Q E G E N E R A L H U R E H P H W
U H S U O E B Q K S N N W V W R F N D
G X C K C C R S V E E J L K J O I F I
L I N T E L L I G E N Z F A F V P G F
```

T	R	Q	J	F	R	O	L	I	C	S	T	A	N	Z	E	R	O	G
Z	Q	B	I	W	E	U	G	I	H	P	X	Y	Z	O	R	R	L	G
P	I	C	K	E	L	G	O	T	T	E	H	Q	L	K	W	U	B	M
Q	W	R	P	O	G	G	X	M	I	P	C	M	X	I	K	S	N	M
M	D	E	D	L	G	Y	M	D	P	P	S	O	H	U	I	A	G	N
W	T	N	J	P	U	V	O	G	Q	A	R	S	P	W	J	P	P	C
B	E	G	M	I	M	F	A	P	T	R	I	S	K	H	Z	F	R	S
E	X	U	K	T	H	C	P	Y	K	T	H	M	J	H	P	I	D	Q
Q	R	E	V	K	C	G	A	F	M	T	R	B	O	F	E	K	X	O
W	E	L	I	Q	S	T	V	Q	U	A	E	R	C	E	Y	A	K	Y
R	Z	Q	U	W	E	V	E	X	P	N	T	M	V	F	Q	K	C	X
X	T	I	V	J	S	T	J	J	I	E	S	P	F	S	D	T	X	E
A	I	N	F	H	U	B	R	K	I	H	A	I	W	V	K	K	G	N
U	N	R	F	W	E	Z	C	H	M	C	L	J	W	Z	T	Y	Z	R
I	H	E	A	I	A	H	Q	Z	W	I	F	J	A	Z	N	G	K	I
F	C	K	W	L	L	U	I	L	G	E	P	B	Y	D	E	L	I	D
Y	S	H	A	V	O	S	L	H	U	L	M	C	S	P	V	D	I	L
J	R	C	O	M	S	C	U	W	C	Y	K	B	G	C	H	J	I	E
D	G	S	O	H	Q	A	N	S	J	L	N	P	Y	F	W	P	N	P
X	Q	R	O	S	K	Y	I	E	D	Z	O	A	U	C	U	H	R	M
H	R	I	B	L	I	I	L	M	Z	Z	Z	M	W	V	Z	E	Y	E
Q	Q	K	D	C	K	K	O	Z	P	K	K	J	T	N	S	B	R	T
A	C	R	R	N	P	X	B	A	P	R	Y	A	X	O	S	N	Y	E
A	H	R	E	G	E	I	B	N	E	N	A	N	A	B	K	X	U	L

5

- TEMPELDIRNE
- PFLASTERHIRSCH
- FROLICSTANZER
- IQLEUGNER
- PICKELGOTT
- LAEUSESCHMUGGLER
- BANANENBIEGER
- LEICHENATTRAPPE
- KIRSCHKERN SCHNITZER
- KOTMOLCH

Lösung

```
T R Q J F R O L I C S T A N Z E R O G
Z Q B I W E U G I H P X Y Z O R R L G
P I C K E L G O T T E H Q L K W U B M
Q W R P O G G X M I P C M X I K S N M
M D E D L G Y M D P P S O H U I A G N
W T N J P U V O G Q A R S P W J P P C
B E G M I M F A P T R I S K H Z F R S
E X U K T H C P Y K T H M J H P I D Q
Q R E V K C G A F M T R B O F E K X O
W E L I Q S T V Q U A E R C E Y A K Y
R Z Q U W E V E X P N T M V F Q K C X
X T I V J S T J J I E S P F S D T X E
A I N F H U B R K I H A I W V K K G N
U N R F W E Z C H M C L J W Z T Y Z R
I H E A I A H Q Z W I F J A Z N G K I
F C K W L L U I L G E P B Y D E L I D
Y S H A V O S L H U L M C S P V D I L
J R C O M S C U W C Y K B G C H J I E
D G S O H Q A N S J L N P Y F W P N P
X Q R O S K Y I E D Z O A U C U H R M
H R I B L I I L M Z Z Z M W V Z E Y E
Q Q K D C K K O Z P K K J T N S B R T
A C R R N P X B A P R Y A X O S N Y E
A H R E G E I B N E N A N A B K X U L
```

R V E A N G Y C B N L P W Z X N L R S
Y Z C F G N F O G B N X X S N E G E E
J K Q S U H Q H U I G W S T K J R T F
D N N A P H J R L E J R G W C W L S W
R E H C S U D N E K C O R T E H O G K
A Z C V R X R Q Y C O L Y S F U T N V
L T S I V I T K A O I D A R A B Z A K
X Y T E M D M F F K L K M B L X J G I
I M A B I O C U P P S H Q P K P K N
J O Q Q K L D G S T Q O C P H Z C I I
E S S E R F R E I B I E R F A X E T Z
M P T G D C Z I K R U V I K U E S S
U D U H F A P Y F Q L Z P V E P J A Q
R B N J C L M D C P I W X C V J K L K
Z Z K R S I X S R V O W O O I U J P O
M G A P E C S R K F R K B R N P C Z B
O W F V N B A E T C E G N R D W A M I
H S L K C J L Q G N E V B E Z U I K H
E L K O S X K E D S B R Z T S H F F M
C X H E T Q C Z T P U H D X P N G A F
T Z J T Y G B K Y U V N S D F K A W L
R O R P V A J Q U H E V I T E M M P P
R E A B M E L B O R P B P M U D Y B F
T I T J X F M W E E C B G N G E J Q B

DRECKSMADE   BEUTELBERND
PANSENKOPF   ALPHAKEVIN
MINUSGESICHT   RADIOAKTIVIST
PROBLEMBAER   FREIBIERFRESSE
TROCKENDUSCHER   PLASTIKGANGSTER

Lösung

```
R V E A N G Y C B N L P W Z X N L R S
Y Z C F G N F O G B N X X S N E G E E
J K Q S U H Q H U I G W S T K J R T F
D N N A P H J R L E J R G W C W L S W
R E H C S U D N E K C O R T E H O G K
A Z C V R X R Q Y C O L Y S F U T N V
L T S I V I T K A O I D A R A B Z A K
X Y T E M D M F F K L K M B L X J G I
I M A B I O C U K P P S H Q P K P K N
J O Q Q K L D G S T Q O C P H Z C I I
E S S E R F R E I B I E R F A X E T Z
M P T G D C Z I V K R U V I K U E S S
U D U H F A P Y F Q L Z P V E P J A Q
R B N J C L M D C P I W X C V J K L K
Z Z K R S I X S R V O W O O I U J P O
M G A P E C S R K F R K B R N P C Z B
O W F V N B A E T C E G N R D W A M I
H S L K C J L Q G N E V B E Z U I K H
E L K O S X K E D S B R Z T S H F F M
C X H E T Q C Z T P U H D X P N G A F
T Z J T Y G B K Y U V N S D F K A W L
R O R P V A J Q U H E V I T E M M P P
R E A B M E L B O R P B P M U D Y B F
T I T J X F M W E E C B G N G E J Q B
```

E U T R U K K I A E N A E R X W P U K
G Q R Y H P N L H K K Y A Z G K C F U
A V I H M C S E M N T Q Z Z G E S H P E
I L W Q T E B E O M A K C A S P M E W
T W N V J I C S R W X S F E I D A I S
E Z E L U A P N E S H C A S C E M I A
R I K B F V O C X N K D E R H D I M S
X P C E S S E R F T H A R D T O G L N
C A E A T W W B M P N K Y D S R T N Q
C K Z Y O C U X B P S C M K G F A D M
Z B U E F F E L H U E F T E L Z U R D
I M S W T Y J Z E H I Q N S O U E O W
J G O D A F X T J T K Y Y R E H Z Y M
B A N I E N L M O T Q Z A Y C A T Y O
K Y A P T Q J Y R T H R V T K E A O E
C C W M K Z C G A G O R E F N L L V O
S U G J H Y Q L G I D L J S E T G D F
Q N T J V G L Q L T M I I W R E I C Y
U N R E S S I E H C S H C A B R M Z R
U O I H H B P C V J C C Z R H D M F W
H M E K R W G N J F G R R V R C U F W
P Y L Z V L S U T I N N I T N E G U A
R T T U W R U V A M B I A C E Y Q X X
S Q U O H L I O A X X C V U U W Q C F

7

GUMMIGLATZE   GESICHTSGLOECKNER

SACHSENPAULE   BUEFFELHUEFTE

SACKAMOEBE   ZECKENWIRT

DORFZUHAELTER   AUGENTINNITUS

DRAHTFRESSE   BACHSCHEISSER

Lösung

```
E U T R U K K I A E N A E R X W P U K
G Q R Y H P N L H K K Y A Z G K C F U
A V I H M C S E M N T Q Z G E S H P E
I L W Q T E B E O M A K C A S P M E W
T W N V J I C S R W X S F E I D A I S
E Z E L U A P N E S H C A S C E M I A
R I K B F V O C X N K D E R H D I M S
X P C E S S E R F T H A R D T O G L N
C A E A T W W B M P N K Y D S R T N Q
C K Z Y O C U X B P S C M K G F A D M
Z B U E F F E L H U E F T E L Z U R D
I M S W T Y J Z E H I Q N S O U E O W
J G O D A F X T J T K Y Y R E H Z Y M
B A N I E N L M O T Q Z A Y C A T Y O
K Y A P T Q J Y R T H R V T K E A O E
C C W M K Z C G A G O R E F N L L V O
S U G J H Y Q L G I D L J S E T G D F
Q N T J V G L Q L T M I I W R E I C Y
U N R E S S I E H C S H C A B R M Z R
U O I H H B P C V J C C Z R H D M F W
H M E K R W G N J F G R R V R C U F W
P Y L Z V L S U T I N N I T N E G U A
R T T U W R U V A M B I A C E Y Q X X
S Q U O H L I O A X X C V U U W Q C F
```

A	B	G	A	S	P	R	O	D	U	Z	E	N	T	O	G	C	U	M
N	S	O	Z	E	R	B	L	I	J	A	A	B	A	R	T	X	C	Q
N	S	V	Q	M	P	P	C	O	T	B	E	O	D	Y	I	O	R	U
R	G	E	H	S	T	E	I	G	P	A	N	Z	E	R	B	U	R	K
D	Q	K	B	H	I	L	A	J	L	X	G	K	J	Y	E	V	Q	X
J	U	T	E	O	D	J	L	K	N	N	I	J	M	Y	R	R	E	Q
W	Z	D	B	P	E	Q	M	F	J	G	R	Z	U	D	U	E	Z	B
B	R	Y	L	I	Z	F	C	K	M	U	A	R	A	C	F	D	O	T
O	C	I	F	S	N	E	S	Z	B	D	P	L	O	E	S	N	U	F
R	V	F	L	I	E	G	E	N	K	O	E	D	E	R	S	E	C	N
Z	Z	H	Z	Y	K	P	L	P	X	W	Q	J	N	T	C	P	O	E
F	R	L	B	S	S	Q	Y	H	O	L	P	G	T	C	H	S	B	U
X	O	J	T	F	L	I	K	O	S	W	F	Y	P	V	W	N	M	F
T	T	Z	Q	H	X	G	K	B	W	U	V	V	J	E	U	R	A	S
C	Z	T	H	O	F	H	U	B	A	N	S	Q	P	W	C	I	R	T
T	L	C	P	C	U	A	Z	Y	N	O	A	L	O	I	H	H	L	H
I	O	T	J	H	Y	Y	U	S	N	Q	Y	P	S	U	T	E	E	C
E	E	O	A	S	Q	M	K	T	S	Q	F	Z	T	D	E	T	B	I
I	F	T	R	I	V	J	G	R	A	R	G	P	T	T	L	Q	E	S
R	F	T	Y	O	B	J	Q	I	C	R	I	G	C	P	F	K	N	E
G	E	V	J	O	W	Z	P	C	M	T	W	D	G	S	Z	Q	P	G
T	L	X	U	Y	Q	P	H	H	V	H	D	P	W	U	H	K	U
D	X	H	O	G	E	A	C	E	P	T	D	Z	Z	K	W	Z	L	I
A	G	H	B	C	Z	U	K	R	P	T	W	C	J	Q	K	M	P	N

FLIEGENKOEDER

GEHSTEIGPANZER

ABGASPRODUZENT

BERUFSSCHWUCHTEL

NEBELRAMBO

HIRNSPENDER

ABART

ROTZLOEFFEL

GESICHTSFUENF

HOBBYSTRICHER

Lösung

```
A B G A S P R O D U Z E N T O G C U M
N S O Z E R B L I J A A B A R T X C Q
N S V Q M P P C O T B E O D Y I O R U
R G E H S T E I G P A N Z E R B U R K
D Q K B H I L A J L X G K J Y E V Q X
J U T E O D J L K N N I J M Y R R E Q
W Z D B P E Q M F J G R Z U D U E Z B
B R Y L I Z F C K M U A R A C F N D O T
O C I F S N E S Z B D P L O E S U F
R V F L I E G E N K O E D E R S E C N
Z Z H Z Y K P L P X W Q J N T C P N E
F R L B S S Q Y H O L P G T C H S O B U F
X O J T F L I K O S W F Y P V W N B M E U F
T T Z Q H X G K B W U V V J E U R A R S T
C Z T H O F H U B A N S Q P W C I I R T H
T L C P C U A Z Y N O A L O I H H L E B I
I O T J H Y Y U S N Q Y P S U T E E C
E E O A S Q M K T S Q F Z T D E T B S
I F T R I V J G R A R G P T T L L Q E S
R F T Y O B J Q I C R I G C P F K N E
G E V J O W Z P C M T W D S Z Q P G
T L X U Y Q P H V V H D P W U H K U
D X H O G E A C E P T D Z Z K W Z L I
A G H B C Z U K R P T W C J Q K M P N
```

E I P V R H A V N Q Z L G T H X Q F H
G Y H L A H P S A C K P F E I F E T F
A Y O Y T C O L W M X U A S X R O A E
T L R R K N Y Q A K F A E H J L Z P U
N U E R P U G H A G L V K H I A C K C
A X G P W I Q S Y Q I Q A P S M L N H
L F L D L X O P Y K N A L S N K V P T
P S R Q E U R O W S M A T X A M L M T
L Q V A T T T E R X N L E O P U B R R
E E I X S W H F Y A U I R L R X E W A
K O L V L F E C P L S I R C E D I S E
C U L W V B R G I M I P I J L G T L U
I F E M A D Y J V S U M E E K Q W O M
P U Q Z Z L Y O C C E S R D V I M R E
V B L O E D M A N N S G E H I L F E R
W L F L B Q Q H Z Z P N N Y V X Q I C
U S P C H U E H G A S I B E N A C Q I
Z F U G P I R B O A W B V N T G H Y M
R E S S E R F R E F E A K Z A T D B T
E N J X Q Y F H X K X A F U K J I A K
S D J O C E B C F I D D L Z I R Z R D
V Z T C H N C O J F X D O H U T O W F
I E W A L X Z H S D S P I G G V Y X N
C K T S B K U O U A R M F T F Z N A O

FEUCHTTRAEUMER KAEFERFRESSER

PICKELPLANTAGE SACKPFEIFE

PLAGIATOR FRITTENGESICHT

SUMPFTULPE FAEKALTERRIER

ANALPILOT BLOEDMANNSGEHILFE

```
E I P V R H A V N Q Z L G T H X Q F H
G Y H L A H P S A C K P F E I F E T F
A Y O Y T C O L W M X U A S X R O A E
T L R R K N Y Q A K F A E H J L Z P U
N U E R P U G H A G L V K H I A C K C
A X G P W I Q S Y Q I Q A P S M L N H
L F L D L X O P Y K N A L S N K V P T
P S R Q E U R O W S M A T X A M L M T
L Q V A T T T E R X N L E O P U B R R
E E I X S W H F Y A U I R L R X E W A
K O L V L F E C P L S I R C E D I S E
C U L W V B R G I M I P I J L G T L U
I F E M A D Y J V S U M E E K Q W O M
P U Q Z Z L Y O C C E S R D V I M R E
V B L O E D M A N N S G E H I L F E R
W L F L B Q Q H Z Z P N N Y V X Q I C
U S P C H U E H G A S I B E N A C Q I
Z F U G P I R B O A W B V N T G H Y M
R E S S E R F R E F E A K Z A T D B T
E N J X Q Y F H X K X A F U K J I A K
S D J O C E B C F I D D L Z I R Z R D
V Z T C H N C O J F X D O H U T O W F
I E W A L X Z H S D S P I G G V Y X N
C K T S B K U O U A R M F T F T Z N A O
```

Z	Z	S	C	M	A	Z	L	S	X	Y	B	J	U	M	G	G	B	N
D	P	L	Q	W	U	R	U	K	Z	C	C	J	I	F	Z	H	D	P
U	X	P	M	I	L	R	D	O	E	N	E	R	D	I	E	B	H	W
F	H	C	Y	B	Z	U	O	S	D	S	Y	Y	N	V	J	E	P	M
B	M	O	F	Y	V	X	J	A	J	C	Y	P	X	E	Z	Q	K	M
R	V	M	E	B	T	I	G	C	F	T	H	F	U	T	L	R	N	U
N	I	S	S	E	Z	N	I	R	P	O	N	R	O	P	H	J	H	T
A	M	F	D	O	V	Q	D	M	I	J	K	F	G	I	A	N	M	R
N	Q	C	X	G	Y	D	N	I	K	N	E	F	F	A	X	B	Y	R
V	V	O	P	G	W	C	G	R	R	G	F	A	U	W	A	T	Y	I
T	Q	L	A	C	K	L	E	D	E	R	P	R	O	P	H	E	T	N
K	A	C	K	S	P	E	C	H	T	Q	Z	N	J	M	F	R	R	O
C	J	R	E	K	N	I	R	T	S	S	U	L	F	S	U	A	H	M
P	K	K	C	C	C	L	V	H	I	M	X	H	S	E	B	X	Z	R
N	N	A	C	H	O	A	E	O	W	W	H	G	Z	X	V	U	T	O
B	R	U	S	T	H	A	A	R	T	O	U	P	I	E	R	E	R	H
P	F	Z	I	E	G	E	N	G	E	S	I	C	H	T	D	S	N	T
Z	W	B	R	B	O	U	Q	Q	D	H	O	P	Y	S	G	O	B	K
D	Q	Y	F	K	V	R	Z	Z	O	F	Z	G	P	J	Z	V	G	V
T	C	Z	T	U	O	C	X	T	N	F	B	N	N	H	A	R	Y	E
W	M	L	H	R	Z	J	Y	H	O	E	U	Z	C	G	T	M	J	B
L	E	D	U	P	N	E	T	T	E	L	U	W	H	C	S	Z	X	Q
U	Q	I	V	C	Z	J	J	W	R	L	O	B	I	M	T	D	C	Z
O	Q	Q	Y	Z	D	D	O	Y	M	A	I	X	H	G	K	D	V	A

10

KACKSPECHT

DOENERDIEB

AUSFLUSSTRINKER

BRUSTHAARTOUPIERER

ZIEGENGESICHT

PORNOPRINZESSIN

AFFENKIND

LACKLEDERPROPHET

HORMONIRRTUM

SCHWULETTENPUDEL

Lösung

```
Z Z S C M A Z L S X Y B J U M G G B N
D P L Q W U R U K Z C C J I F Z H D P
U X P M I L R D O E N E R D I E B H W
F H C Y B Z U O S D S Y Y N V J E P M
B M O F Y V X J A J C Y P X E Z Q K M
R V M E B T I G C F T H F U T L R N U
N I S S E Z N I R P O N R O P H J H T
A M F D O V Q D M I J K F G I A N M R
N Q C X G Y D N I K N E F F A X B Y R
V V O P G W C G R R G F A U W A T Y I
T Q L A C K L E D E R P R O P H E T N
K A C K S P E C H T Q Z N J M F R R O
C J R E K N I R T S S U L F S U A H M
P K K C C L V H I M X H S E B X Z R R
N N A C H O A E O W W H G Z X V U T O
B R U S T H A A R T O U P I E R E R H
P F Z I E G E N G E S I C H T D S N T
Z W B R B O U Q Q D H O P Y S G O B K
D Q Y F K V R Z Z O F Z G P J Z V G V
T C Z T U O C X T N F B N N H A R Y E
W M L H R Z J Y H O E U Z C G T M J B
L E D U P N E T T E L U W H C S Z X Q
U Q I V C Z J J W R L O B I M T D C Z
O Q Q Y Z D D D O Y M A I X H G K D V A
```

L	F	R	P	T	S	P	S	Q	D	E	B	M	I	G	X	O	Q	H
E	S	L	T	E	Y	B	O	O	M	L	E	O	W	E	J	V	W	T
M	I	E	E	E	G	U	B	I	E	W	Q	R	S	H	B	R	J	V
Y	E	Z	G	F	A	E	K	A	L	I	E	N	F	U	E	R	S	T
T	R	E	U	D	P	F	F	I	N	E	Z	Z	N	X	H	R	R	O
K	E	L	S	W	P	Z	K	R	O	T	C	D	W	T	V	E	L	N
G	D	D	L	X	S	S	M	H	Q	P	S	W	K	V	D	T	D	R
E	N	I	Q	C	A	J	T	J	B	J	G	C	Z	R	V	S	Y	O
E	E	I	G	E	N	E	X	P	E	R	I	M	E	N	T	R	H	T
D	A	H	D	Y	T	V	V	C	E	E	A	O	O	Q	D	E	I	S
H	H	I	Y	D	T	U	Q	V	A	K	M	T	G	K	X	O	V	S
A	C	D	V	Y	U	V	Y	S	C	N	S	W	B	N	V	F	Z	T
Y	S	L	Q	H	L	P	M	S	E	G	W	U	R	A	B	N	M	H
C	R	A	J	Y	O	W	A	P	T	H	P	W	F	S	L	E	P	C
P	E	B	F	M	Q	Q	L	M	A	A	G	T	L	T	E	G	J	I
D	I	O	P	T	Y	E	T	D	S	I	V	I	Y	P	T	E	Y	S
D	T	R	R	C	W	K	Z	I	Z	A	C	S	H	A	J	I	H	E
M	F	U	A	D	S	E	O	V	X	L	L	J	P	P	M	Z	J	G
K	S	N	K	T	F	H	W	T	U	Y	N	P	D	S	O	B	L	H
H	D	F	C	H	A	R	A	K	T	E	R	A	T	T	A	P	P	E
C	O	A	W	P	F	M	L	T	T	L	X	I	S	N	Z	W	M	E
A	N	L	A	K	C	B	F	K	L	L	B	P	Z	D	D	X	I
M	O	L	M	N	U	Q	J	O	N	K	J	V	J	B	J	F	S	Q
F	X	I	W	V	J	S	A	Y	O	P	G	K	L	D	W	A	J	A

11

PLASMAPUDDING

TIERSCHAENDER

GESICHTSSTORNO

KNASTPAPST

ZIEGENFOERSTER

CHARAKTERATTAPPE

FAEKALIENFUERST

WELPENMOERDER

GENEXPERIMENT

LABORUNFALL

Lösung

```
L F R P T S P S Q D E B M I G X O Q H
E S L T E Y B O O M L E O W E J V W T
M I E E E G U B I E W Q R S H B R J V
Y E Z G F A E K A L I E N F U E R S T
T R E U D P F F I N E Z Z N X H R R O
K E L S W P Z K R O T C D W T V E L N
G D D L X S S M H Q P S W K V D T D R
E N I Q C A J T J B J G C Z R V S Y O
E E I G E N E X P E R I M E N T R H T
D A H D Y T V V C E E A O O Q D E I S
H H I Y D T U Q V A K M T G K X O V S
A C D V Y U V Y S C N S W B N V N Z T
Y S L Q H L P M S E G W U R A B N M H
C R A J Y O W A P T H P W F S L E P C
P E B F M Q Q L M A A G T L T E G J I
D I O P T Y E T D S I V I Y P T E Y S
D T R R C W K Z I Z A C S H A J I H E
M F U A D S E O V X L L J P P M Z J G
K S N K T F H W T U Y N P D S O B L H
H D F C H A R A K T E R A T T A P P E
C O A W P F M L T T L X I S N Z W M E
A N L A K C B F K L L L B P Z D D X I
M O L M N U Q J O N K J V J B J F S Q
F X I W V J S A Y O P G K L D W A J A
```

A Y P S U X H X M U C W R O L Z I P M
A E T U O L O C J V T J H S X R Q U P
S Q G I X X I T O A R G W P O E E U W
D H U O T M L U I R R P C H T L R B O
A O F J E B I Q F G H D L M L G E X N
M X R R S C H R B T G J R K W N L G M
W I E B U N T Z P X U R I J D A T L D
D Q P E H N T C V M V N G L G N T W B
V O P I P B O E J B D J R T E E E Z D
Z E I N Z L B J G H R C E X S H B T O
B Z R L F S I G Z A E B H U S U F B V
Y P T V T T B Q D M Z S C A E R A H E
B S S B O A U B W C T T U B R T L F L
I Y T S B S G S B M I E A C F L H A J
A O H T B O K Q J A R H T D R H C G A
O W C B T U D K G R P K L E E E S R B
Y C I F T R Y H H P S A E F T U I X T
B H S I I R W P S B H C P I I K E R F
P M E S I M H D M O E K M C E X B N F
M U G Y E U T H P G U E E K V L G M J
Q Q N Q U Y N S A I R R U D C A U D I
X T N O G J B U X A F A T I L L J V O
D N I K N E P O L K Y Z I C L R V L I
L A Q C F F B B L J F V Z H R Z Q H S

12

MUELLKIND

GESICHTSTRIPPER

ZYKLOPENKIND

EITERFRESSE

BEISCHLAFBETTLER

ABCDEFICKDICH

KUEHLTRUHENANGLER

FRUEHSPRITZER

STEHKACKER

TUEMPELTAUCHER

Lösung

Z N K H F E W V V Y N N V J A U M V B V
N C H R O M O S O N E N X O W U O T
R E L H C I E R T S N E K R U G N P U
T S A W L V F Z L L J I W R A W D T L
V T I L R U B V D X B W K A B W P H L
X K M Q Q A M I N S Q D P J I I B W G
S F W J R E H C S T U L N E F I E S M
B A Y S O M I Q C A F W X I O I U D Z
O B R G S L T E Z M N T G I K I F S Y
P E K C F I E W B C T X L D C O Z Q A
T L G E N I T A L P O L Y P R O O Y R
N E S S E R F R E T E M F L E S A Z S
G E E Q A O I R P V E P Y V X J O C C
F P L E G O L O K E A N Y G Y B B O H
K S R F F I S C H G E S I C H T J H K
L J S A G X U F H O W A O D D C R Z E
K M I S N P V M H D U P N Q W Y Q H K
Y F Y C S U G Z E N S I J Q X H B I S
K N Y H L A M G A A L F R E S S E R L
G T U I I O P S A F T W W I Y Q R T Y
S B R N B H S N T V V W D S O J X U P
J B E G I Y R R C I Z E H L E F T S H
W E C O Z C P D C Y O Y J R N U X B E
M P T S B E Q I O E X G V H L J S E N

13

AALFRESSE

HOBBYGYNAEKOLOGE

CHROMOSONEN FASCHING

SEIFENLUTSCHER

GURKENSTREICHLER

FISCHGESICHT

ELFMETERFRESSE

ZOOKIND

GENITALPOLYP

ARSCHKEKS

Lösung

```
Z N K H F E W V Y Y N N N V J A U M V B V
N C H R O M O S O N E N     X O W U O T
R E L H C I E R T S N E K R U G N P U
T S A W L V F Z L L J I W R A W D T L
V T I L R U B V D X B W K A B W P H L
X K M Q Q A M I N S Q D P J I I B W G
S F W J R E H C S T U L N E F I E S M
B A Y S O M I Q C A F W X I O I U D Z
O B R G S L T E Z M N T G I K I F S Y
P E K C F I E W B C T X L D C O Z Q A
T L G E N I T A L P O L Y P R O O Y R
N E S S E R F R E T E M F L E S A Z S
G E E Q A O I R P V E P Y V X J O C C
F P L E G O L O K E A N Y G Y B B O H
K S R F F I S C H G E S I C H T J H K
L J S A G X U F H O W A O D D C R Z E
K M I S N P V M H D U P N Q W Y Q H K
Y F Y C S U G Z E N S I J Q X H B I S
K N Y H L A M G A A L F R E S S E R L
G T U I I O P S A F T W W I Y Q R T Y
S B R N B H S N T V V W D S O J X U P
J B E G I Y R R C I Z E H L E F T S H
W E C O Z C P D C Y O Y J R N U X B E
M P T S B E Q I O E X G V H L J S E N
```

14

E D S V P S J N W L D E Q T R E G N L
O M J K E T M L O Q C T O Y H Y T O H
T Z Z B S G O M Z F X E W M M E R E P
H S T X B S P Z V J H P F Y J G I G W
L N I J Z D A R M D U E B E L B T A P
B K D R K T O C Y J J N B P R C Z N Y
Y G A R O D V Y O G K Q S I A Q E Z Z
P S K N N R P O J E F B W G C E N K R
S R V A G X R U D R O Q J W X Z G O E
S U E Z B B R E M S K L E H G E O E G
P E B V O A K E T R D N H P D W L R N
E S F A L N L N X K T O D F T F D P A
Z S D D Z A X O K O I Z L W H Q S E R
I A B M L N C T T Z B T Z Y B J C R L
A M H M N E K W T S L S D C H H C A
L K Y H X N B C O V A U E U V P U L T
A C E W D B W J K S L T M M K L E O K
G A W X T A K Q O M Q A T N M A F W E
E S Y U Q E X W E Q S C O S T U E N R
N E N A M R E G L A T I N E G I R I X
T B X P Z D V P X W B S D A U F A H O
K L Q Z T V M B W Y R G I R T Y H F Q
E O R N M Y D Z Q W N K G K T S G U S
D F G V M X Q C Y Z N Y C X U Q P V Z

REKTALRANGER

YPSSPEZIALAGENT

SACKMASSEUR

DARMDUEBEL

AKUSTIKTERRORIST

RITZENGOLDSCHUEFER

BANANENBAER

GENITALGERMANE

GANZKOERPERCLOWN

RUMMELBOXER

Lösung

E D S V P S J N W L D E Q T R E G N L
O M J K E T M L O Q C T O Y H Y T O H
T Z Z B S G O M Z F X E W M M E R E P
H S T X B S P Z V J H P F Y J G I G W
L N I J Z D A R M D U E B E L B T A P
B K D R K T O C Y J J N B P R C Z N Y
Y G A R O D V Y O G K Q S I A Q E Z Z
P S K N N R P O J E F B W G C E N K R
S R V A G X R U D R O Q J W X Z G O E
S U E Z B B R E M S K L E H G E O E G
P E B V O A K E T R D N H P D W L R N
E S F A L N L N X K T O D F T F D P A
Z S D D Z A X O K O I Z L W H Q S E R
I A B M L N C T T Z B T Z Y B J C R L
A M H M N E K W K T S L S D C H H C A
L K Y H X N B C O V A U E U V P U L T
A C E W D B W J K S L T M M K L E O K
G A W X T A K Q O M Q A T N M A F W E
N S Y U Q E X W E Q S C O S T U E N R
N E N A M R E G L A T I N E G I R I X
T B X P Z D V P X W B S D A U F A H O
K L Q Z T V M B W Y R G I R T Y H F Q
E O R N M Y D Z Q W N K G K T S G U S
D F G V M X Q C Y Z N Y C X U Q P V Z

```
X F D H S B P D E F C O F I U T Y M M
R E H C S T U L N I E T S O L K E X K
J X O F R C J Q Z V Y F G Y N H G L G
X W Q O P L C E P M X F T S C N Z H W
I J U F X A E X H B X S G X P Y F A L
Z L T I A K Y C R Z S F L G W H W T P
F D P W R D B U I L W Z T Z Z R G A Z
K O T Z K A N O N E J I I G L R Z B H
X T O L I P R E F P E U L H C S J S I
S T E C K D O S E N L E C K E R X T G
R E D N I B N E K L E N S S I P S U G
B F F J O O H A S Q R T A J U G H R I
T H J B O I G Z M R O A N K X B Z Z S
T N A L U M I S Z N E T E P M O K V N
L V D M R Y E K K X U W X W O R L O E
T Q R Z X L B U J L Q H L S M H J G T
G N I L T H C E U L F Q I J B Q N E T
P U Q U Q I I M H X H J L I K V Y L E
R O H R Z A N G E N G E B U R T F X L
F I U Y J D Q R N N U C X L M L F P A
G S Z S H F Y Z I M O U D T M T S W D
G D Y M P O T T V M X U R O P V I A N
C G C T T M Z D R X D T I F T Z R G A
M T H H J W L V B C S Q G H B H M T S
```

15

- PISSNELKENBINDER
- SCHLUEPFERPILOT
- KOMPETENZSIMULANT
- KLOSTEINLUTSCHER
- ABSTURZVOGEL
- KOTZKANONE
- ROHRZANGENGEBURT
- STECKDOSENLECKER
- IQFLUECHTLING
- SANDALETTENSIGGI

Lösung

```
X F D H S B P D E F C O F I U T Y M M
R E H C S T U L N I E T S O L K E X K
J X O F R C J Q Z V Y F G Y N H G L G
X W Q O P L C E P M X F T S C N Z H W
I J U F X A E X H B X S G X P Y F A L
Z L T I A K Y C R Z S F L G W H W T P
F D P W R D B U I L W Z T Z Z R G A Z
K O T Z K A N O N E J I I G L R Z B H
X T O L I P R E F P E U L H C S J S I
S T E C K D O S E N L E C K E R X T G
R E D N I B N E K L E N S S I P S U G
B F F J O O H A S Q R T A J U G H R I
T H J B O I G Z M R O A N K X B Z Z S
T N A L U M I S Z N E T E P M O K V N
L V D M R Y E K K X U W X W O R L O E
T Q R Z X L B U J L Q H L S M H J G T
G N I L T H C E U L F Q I J B Q N E T
P U Q U Q I I M H X H J L I K V Y L E
R O H R Z A N G E N G E B U R T F X L
F I U Y J D Q R N N U C X L M L F P A
G S Z S H F Y Z I M O U D T M T S W D
G D Y M P O T T V M X U R O P V I A N
C G C T T M Z D R X D T I F T Z R G A
M T H H J W L V B C S Q G H B H M T S
```

C M H S N D S K I Z N R Y J J C X Q V
Y C L V O Q Y S Y B I A R E I Z F S H
A S D W Y P O P E L S C H U E R F E R
R E K F A N T C U H T O J F A L T Z K
Z W C J D I W O M O Y W C O U C K X G
A F K I U X I I M V R R T H K A L A U
X T R T S I R U O T M R A D T S A M M
A B S C H I E D S W I N K E R N U X G
X U X C J X D Z N T O W X I W D B G J
W Q Q Q E T W W X C N Q G R Y G S G G
F O D N S N P L N L Y Y H F D Q A T C
J K R D K M Y Z Y D O A O S J V M B H
V K U H S S J B A I G W I T D W M K R
W D D D O G N B C Q A D R H Y N L Y U
N R L F L W J O R O Q U J C Y K E B O
G A Z P A R K G W N N M H I K Y R V U
T N E I T O U Q S T H C I S E G P M L
B L O C K F L O E T E N G E S I C H T
R E K T A L G E I G E J H G B L A L I
F U S S E L H I R N D J C K X J O F U
H P I A Q O X R Q X K D C X Z T Q K G
J U X C H V D G K Y F Z T X A J M J H
V I K E C H S E N M E N S C H J T X J
P R N F B B Z X T P I V C E L H D R X

16

POPELSCHUERFER

LAUBSAMMLER

GESICHTSQUOTIENT

FUSSELHIRN

BLOCKFLOETENGESICHT

REKTALGEIGE

GESICHTSFRIEDHOF

ABSCHIEDSWINKER

MASTDARMTOURIST

ECHSENMENSCH

Lösung

```
C M H S N D S K I Z N R Y J J C X Q V
Y C L V O Q Y S Y B I A R E I Z F S H
A S D W Y P O P E L S C H U E R F E R
R E K F A N T C U H T O J F A L T Z K
Z W C J D I W O M O Y W C O U C K X G
A F K I U X I I M V R R T H K A L A U
X T R T S I R U O T M R A D T S A M M
A B S C H I E D S W I N K E R N U X G
X U X C J X D Z N T O W X I W D B G J
W Q Q Q E T W W X C N Q G R Y G S G G
F O D N S N P L N L Y Y H F D Q A T C
J K R D K M Y Z Y D O A O S J V M B H
V K U H S S J B A I G W I T D W M K R
W D D D O G N B C Q A D R H Y N L Y U
N R L F L W J O R O Q U J C Y K E B O
G A Z P A R K G W N N M H I K Y R V U
T N E I T O U Q S T H C I S E G P M L
B L O C K F L O E T E N G E S I C H T
R E K T A L G E I G E J H G B L A L I
F U S S E L H I R N D J C K X J O F U
H P I A Q O X R Q X K D C X Z T Q K G
J U X C H V D G K Y F Z T X A J M J H
V I E C H S E N M E N S C H J T X J
P R N F B B Z X T P I V C E L H D R X
```

W Z V R J M X G L J D R L S D J P S S
I B A U M B E W O H N E R S G G U V G
Y G I T C A J B E S K P O B W R Q E O
O M U B A M E L H B D Y V K P U Y W H
Z N W D L L W R T M Z O A J I M Q C J
O F X G N I D D U P S T H C I S E G H
M I E Q S W Y M U V M D Q H M R R C K
S H C I Z I O T X B L O Z N C M Z G O
K U P Y V V E S Y S T E M F E H L E R
Y D X Y K N Q D N B J B Y D S I R Y V
C Q V O H N E F U A H L L E Z Y S K D
E P A O F A W Z E J V Z K V U Q Q W W
K Y R X Y P K I E B Q U U S Z H V K H
G S S P H G J J A D O W U H T Z P J D
T C J C D I S C H I M M E L K I N D G
E C C S O L Q I T W N P Y F C G I P V
P W J R B G N D R V W L S V K C R V K
R E F U E A S N E T T E K Z X A O A P
S P S C H W I N G T I T T E H P B J D
M E L D E M U S C H I R Y A S A T I M
N M V K A S N V Y S M C Y X W Z Y U G
D E G N U J N E T T A R T V R C P A T
N V U C A A B U X C N H U F Q H K W Z
A Y Q M V F K R V X M Q L H I H A N V

17

BAUMBEWOHNER

ZELLHAUFEN

SYSTEMFEHLER

MELDEMUSCHI

RATTENJUNGE

SCHWINGTITTE

SCHIMMELKIND

GESICHTSPUDDING

KETTENSAEUFER

PUTENHORST

Lösung

W Z V R J M X G L J D R L S D J P S S
I B A U M B E W O H N E R S G G U V G
Y G I T C A J B E S K P O B W R Q E O
O M U B A M E L H B D Y V K P U Y W H
Z N W D L L W R T M Z O A J I M Q C J
O F X G N I D D U P S T H C I S E G H
M I E Q S W Y M U V M D Q H M R R C K
S H C I Z I O T X B L O Z N C M Z G O
K U P Y V V E S Y S T E M F E H L E R
Y D X Y K N Q D N B J B Y D S I R Y V
C Q V O H N E F U A H L L E Z Y S K D
E P A O F A W Z E J V Z K V U Q Q W W
K Y R X Y P K I E B Q U U S Z H V K H
G S S P H G J J A D O W U H T Z P J D
T C J C D I S C H I M M E L K I N D G
E C C S O L Q I T W N P Y F C G I P V
P W J R B G N D R V W L S V K C R V K
R E F U E A S N E T T E K Z X A O A P
S P S C H W I N G T I T T E H P B J D
M E L D E M U S C H I R Y A S A T I M
N M V K A S N V Y S M C Y X W Z Y U G
D E G N U J N E T T A R T V R C P A T
N V U C A A B U X C N H U F Q H K W Z
A Y Q M V F K R V X M Q L H I H A N V

Q Z T A F T Q M Z W S F P Q C G T D R
Y A F T E R G E B U R T M V T S S U U
R C S O W A T N V Z C P Y D U O E D Q
I U F O Z Z L V L H K J W L C S Q B Y
Q K Z D H N G I F A J M G K I N H Q D
H Q Q N K A B I J C S W E R Q E P G S
S X Q N U G P K Q O U N F M C Z S S S
R Y Z X K K V U E X R S S O E C I P F
S G C E U J Q V X A I V G L P E E U Z
I E N E Q Y D D U N N X L P W C C E B
E W K S Q F U C G T T K H H K K Z Q A
R X Y V D A H N L T L A C B O W H Y Y
P W U C M E E P O U U S A F T S E Z K
T B L Y R A X S M F L R F D E I D I O
S U P I F I G P E E B O D U L T G I R
O O Q E F E E N X I R I C T Q K R V B
R A G B H N T A E I X H M U G A Z Z K
T O O G I A R V G L E Y H T F S T Q D
M T D O U D U I I N P A Z K G Y T P S
F M F C V H N M V E U B Z O Y S B R Q
J E H S E A S O Z L W D Q N G B T T V
P E R U L X G B T M Z T R O M H Z X N
R J L W Q E C Y P S J U E S X J O A J
B V Z T L K A A A S D E X X Q Z W C X

SPECKBARBIE	SOCKENRAUCHER
AFTERGEBURT	ZELLKLUMPEN
TROSTPREIS	FUCKOFFORIGINAL
GEFAENGNISFRISEUR	DRAXELSCHWEISS
SEUCHENVOGEL	HAUFENTAUCHER

```
Q Z T A F T Q M Z W S F P Q C G T D R
Y A F T E R G E B U R T M V T S S U U
R C S O W A T N V Z C P Y D U O E D Q
I U F O Z Z L V L H K J W L C S Q B Y
Q K Z D H N G I F A J M G K I N H Q D
H Q Q N K A B I J C S W E R Q E P G S
S X Q N U G P K Q O U N F M C Z S S S
R Y Z X K K V U E X R S S O E C I P F
S G C E U J Q V X A I V G L P E E U Z
I E N E Q Y D D U N N X L P W C C E B
E W K S Q F U C G T T K H H K K Z Q A
R X Y V D A H N L T L A C B O W H Y Y
P W U C M E E P O U U S A F T S E Z K
T B L Y R A X S M F L R F D E I D I O
S U P I F I G P E E B O D U L T G I R
O O Q E F E E N X I R I C T Q K R V B
R A G B H N T A E I X H M U G A Z Z K
T O O G I A R V G L E Y H T F S T Q D
M T D O U D U I I N P A Z K G Y T P S
F M F C V H N M V E U B Z O Y S B R Q
J E H S E A S O Z L W D Q N G B T T V
P E R U L X G B T M Z T R O M H Z X N
R J L W Q E C Y P S J U E S X J O A J
B V Z T L K A A A S D E X X Q Z W C X
```